SUTTON
VERLAG

Die Reste der Klosterkirche und des Klosters von Trostadt.

Sagen & Legenden

SAGENHAFTES ENTLANG DER WERRA

ZWISCHEN EISFELD UND TREFFURT

Ausgewählt und nacherzählt
von Manfred Volkmar

SUTTON
VERLAG

BILDNACHWEIS UND DANKSAGUNG

Gemeindeverwaltung Dankmarshausen: S. 79
Gemeindeverwaltung Walldorf: S. 51
Knabe, Willi: S. 89
Konopka, Ludger: S. 82–85
Lämmerhirt, Rainer: S. 87
Oeley, Hans: S. 2, 9, 14–20, 22, 23, 25, 26, 28, 30, 31, 34–36, 38–44, 46–49, 52–55, 57, 58, 60–62, 64–66, 68, 70–74, 78, 92, 94–96
Simon, Carl: S. 59
Stadt Eisfeld, Heimatmuseum: S. 10, 11, 12, 13, 14
Stadt Themar, Touristinformation: 29, 32
Stadt Treffurt, Touristinformation: S. 90
Stadt Vacha, Touristinformation: S. 75–77
Wiegandt, Hans: S. 80

Für die freundliche Unterstützung dankt der Verfasser Karina Loddoch aus Breitungen, Heiko Heine aus Eisfeld, Friedel Kolb aus Schleusingen, Olaf Kammerdiener aus Themar, Erika Köhler-Roth aus Vachdorf, Reinwald Fischer aus Herpf, Isabella Wachmer aus Walldorf, Ute Simon aus Schmalkalden, Sylvia Krüger aus Bad Liebenstein, Hans-Georg Hüther aus Tiefenort, Kathleen Dorsch aus Vacha, Manfred Stein aus Dankmarshausen, Julia Lindecker aus Creuzburg, Rainer Lämmerhirt aus Mihla sowie Alexandra Senf aus Treffurt.

Impressum

Sutton Verlag GmbH

Hochheimer Straße 59

99094 Erfurt

www.suttonverlag.de

Druck: Books on Demand GmbH, Norderstedt, Deutschland

ISBN 978-3-86680-764-8

INHALTSVERZEICHNIS

VORWORT

Die Werra und die sie umgebende Flusslandschaft prägen wesentlich das Antlitz Südthüringens. Im Werratal und in seiner unmittelbaren Nähe liegen traditionsreiche Städte mit ebenso lebendiger Gegenwart. Zwischen diesen Städten nimmt die Werra ihren Lauf, vorbei an kleineren und größeren Dörfern. Sie durchströmt mal sich weitende Täler, mal enge Schluchten. Das besondere der Werratallandschaft ist ihre Vielgestaltigkeit. Berge, Wälder, Täler und Felspartien am Rande des Thüringer Waldes und der Rhön wechseln mit Wiesen, Feldern und sanften Hügeln im Flachland.

Die etwa 1.500 Jahre währende Geschichte und Entwicklung der Thüringer Region ist eng mit der deutschen Geschichte verbunden, aber das Volk erinnerte sich nicht nur an die historischen Großereignisse, sondern hat auch einen reichen Schatz an Sagen hervorgebracht. Diese spezifische Form der Überlieferung von Geschichte spiegelt die gesellschaftlichen und sozialen Verhältnisse sowie sittlichen Anschauungen in ganz besonderer Weise wider.

Die einst in mühsamer Arbeit gesammelten Erzählungen und die Orte ihrer Entstehung führen zu der Erkenntnis, dass Sagen umso häufiger und vielfältiger entstanden, je geschichtsträchtiger und reicher an historischen Ereignissen und legendären Begebenheiten oder auch an geografischen Besonderheiten eine Stadt, ein Dorf oder eine Gegend war.

Als Bestandteil der alten Volkskunst sind Sagen von kulturgeschichtlichem Wert. In ihnen steckt die Geschichte der Menschen und sie vermitteln uns nachhaltige Einblicke in die Denkweisen, die Geisteswelt und Lebensformen unserer Vorfahren. Sie erzählen von guten und bösen Geistern, von Riesen, Zwergen und weißen Frauen, von Höhlen, unterirdischen Gängen und vergrabenen Schätzen. „Sie lassen uns erfahren, wie bald der Wunsch nach unverhofftem Glück durch Hebung eines Schatzes, bald durch die scheue Furcht vor unheimlichen Mächten oder das Vertrauen auf hilfreiche Beschützer, bald aber, und das wohl am meisten, der ehrwürdige Glauben an allwaltende, sühnende Gerechtigkeit in dieser Poesie des Volkes zum Ausdruck kommt“ (C. L. Wucke: *Sagen der mittleren Werra*, 1891). So sagenhaft es in den Erzählungen auch zugehen mag, nie bleiben die sozialen Umstände verborgen.

Die uns überlieferten Sagen sind keineswegs das Werk von Gelehrten oder Dichtern, sondern sind von einfachen Leuten, von gesellschaftskritischen und fantasievollen Menschen erfunden worden. Diese Erzählungen wurden vom Volk mündlich weitergegeben und werden es zum Teil noch heute.

Ludwig Bechstein, der in Meiningen lebte und dichtete, war der erste, der diese schlummernde Volkspoesie aufgespürt, gesammelt und niedergeschrieben hat, um sie für die Nachwelt zu erhalten. Er forderte, die Sagen „ohne Zutat und Ausschmückung der eigenen Fantasie“ wiederzugeben, weil sie an sich poetisch seien und solcher Zusätze nicht bedürften. Am 14. Mai 2010 beging man Bechsteins 150. Todestag.

Neben Ludwig Bechstein muss Christian Ludwig Wucke aus Bad Salzungen hervorgehoben werden. Er war eng mit Ludwig Bechstein befreundet und erweiterte nach dessen zu frühem Tod den bis dahin vorliegenden Sagenschatz. Durch seinen eigenständigen Beitrag erwarb sich auch Christian Ludwig Wucke hohes Ansehen. Im Vorwort zur ersten Auflage seines Buches „Sagen der mittleren Werra, der angrenzenden Abhänge des Thüringer Waldes, der Vorder- und Hohen Rhön sowie aus dem Gebiete der fränkischen Saale“ äußerte sich Ludwig Wucke 1891 interessanterweise über eine Erschwernis seiner Arbeit als Sagenerzähler: „Der Schwierigkeiten und Mühen, welche mit einem derartigen Werke in einer Zeit verbunden sind, die das Licht der modernen Kultur in alle Winkel der Erde trägt, dabei aber manch gutes Stück der alten Kultur, wie den Gegenstand dieses Buches, in die Rumpelkammer wirft, war sich der Verfasser wohl bewusst.“ Ludwig Bechstein stellte seinerseits fest, dass es sich „bei sagenhaften Überlieferungen im Volksmund überhaupt gar nicht darum [handelt,] dass das Volk an deren wirkliches Geschehensein glaube, [...] sondern darum, dass es sich dieselben als etwas, was die Urväter und Urmütter einander erzählten, wieder und immer wieder sagt. Das ist das einfache Wesen der Sage“ (Ludwig Bechstein: *Thüringer Sagenbuch*, 1858).

Im Interesse des richtigen Verstehens der Sagen bemerkte Wucke, dass jede Sage mehr oder weniger lokal gebunden ist, während Märchen oder Volkslieder heimatlos sind: „Sagen sind wie die Vögel, die man nicht eher zu Schuss bekommt, als bis sie sich irgendwo niedergelassen haben. Die Sagen einer Gegend erscheinen wie die Flora derselben, sie gehören zu ihr wie die Blumen, welche eine Burg umblühen, und aus dem Interesse, welches eine Gegend dem Einheimischen oder Fremden bietet, entspringt das Interesse für ihre Sagen.“ Schon diese erklärenden Worte Ludwig Wuckes verraten, dass die Heimatdichter – gleich den von ihnen niedergeschriebenen Sagen – wahrhaft poetisch sind.

Dem Lauf der Werra folgend, sollen bezogen auf die Werrastädtchen und am Fluss liegende geschichtsträchtige Dörfer in Südwestthüringen die schönsten Sagen von Ludwig Bechstein und Christian Ludwig Wucke nacherzählt werden, um sie nicht dem Vergessen preiszugeben und so einen bescheidenen, spezifischen Beitrag zur Geschichte der Region zu leisten. Sie sollen auf diesem Wege vor allem in das Bewusstsein der jüngeren Menschen gehoben werden.

Gehen Sie nun auf die Wanderung entlang der Werra und begegnen Sie der „Jungfrau mit dem Zopf“ oder den „Riesen um Eisfeld“, erleben Sie „Wasunger Eulenspiegeleien“ und entdecken Sie so manchen verborgenen Schatz

SAGENHAFTES ENTLANG DER WERRA ZWISCHEN EISFELD UND TREFFURT

Die Werra entsteht aus der Vereinigung von zwei Quellbächen. Bei Siegmundsburg entspringt in 707 Meter Höhe die „trockene“ oder „hintere“ Werra – der Name geht darauf zurück, dass ihr Bett in regenarmen Sommern austrocknet. Am Zeupelsberg bei Fehrenbach, ganz in der Nähe des Rennsteigs liegt in 797 Meter Höhe die Quelle der „nassen“ oder „vorderen“ Werra. Diese Quelle wurde 1897 gefasst und ist zweifellos die meistbesuchte und am schönsten gelegene Quelle aller Thüringer Flüsse. Jedes Jahr wandern Tausende Urlauber aus Masserberg, Fehrenbach und anderen Luftkurorten des Thüringer Waldes zu ihr und genießen die schönen Wälder, in denen sie geborgen liegt. Die Aufmerksamkeit der Natur- und Heimatfreunde erweckt eine von Förster Georg Schröder und Maurermeister Elias Traut erbaute Grotte, die einen aus Ton gebrannten Löwenkopf umschließt, aus dessen Rachen das kristallklare Wasser in ein Quarzbecken sprudelt.

Die Quelle der „nassen“ oder „vorderen“ Werra zwischen Masserberg und Fehrenbach.

EISFELD

Gemeinsam rinnen die beiden Quellbäche am Südhang des Thüringer Waldes zu Tal und streben dem ersten Werrastädtchen Eisfeld zu. Es liegt in einer bergigen Landschaft auf der fränkischen Seite des Thüringer Waldes und wurde 802 als Siedlung Asifelden zum ersten Mal urkundlich erwähnt. In dem interessanten Heimatmuseum der Stadt, in der einst der Dichter Otto Ludwig lebte, findet sich wertvolles Kulturgut.

Wie aus der ganzen Umgebung der Werraquellen ist auch aus Eisfeld eine Vielzahl von Sagen überliefert. Die folgenden vier Beispiele stehen stellvertretend für den reichen Sagenschatz.

1.
Riesen um Eisfeld

In der Eisfelder Gegend wohnten vor langer Zeit viele starke Riesen. Sie hatten ihre Wohnsitze auf den verschiedenen Burgen der Umgebung. Die Sage berichtet, dass sich die Riesen ihre großen, schweren Hämmer und Streitäxte, aber auch große goldene Kugeln vom Berg der Burg Grub bis hinüber zur Burg Schaumberg zuwarfen. Eines Tages begegnete das Töchterchen eines dieser Riesen auf dem Feld einem Ackersmann. Wie klein waren doch die Menschen, die sie umgaben. Das Mädchen raffte den überraschten Mann samt Pferd und Pflug in seine Schürze, um alles zum Vater auf die Burg zu tragen. Es freute sich kindisch über das niedliche zappelnde Männchen. Der alte Riese aber gebot dem Töchterchen, alsbald alles wieder dahin zu tragen, wo sie es geholt hatte. Dabei solle sie äußerst vorsichtig damit umgehen, damit Männlein und Pferdchen nicht zu Schaden kämen.

Der Vater sagte: „Wenn die Bauern nicht ackern und säen, müssen die Riesen verhungern.“ Damit vermittelte er der Tochter eine wichtige und stets zu beherzigende Lehre.

Die Burg Schaumberg auf einer Zeichnung aus dem Jahre 1927.

2.

Von Zwergen und Zinselmännchen

Wenn die Sage über Wohnsitze von Riesen berichtet, lässt sie oft auch Zwerge in deren Nähe wohnen.

In den ausgedehnten Forsten des Bleßberges, des höchsten in diesem Gebiet, arbeitete einst zur Nachtzeit eine unsichtbare Säge. Es sollen emsige Zwerge gewesen sein, die damit umgingen, um manchem armen und wackeren Holzfäller zu helfen und ihn zu schnellerem Verdienst gelangen zu lassen. Besonders aber war das Zwergengeschlecht in einer zwischen den Dörfern Meschenbach und Rabenäußig gelegenen Höhle – dem sogenannten Zinselloch – tätig. Leider sind diese Zwerge oder Zinselchen dort alle weggezogen. Die Sage nennt uns den Grund: Ein Meschenbacher Bauer traf auf seinem Erbsenacker einen ganzen Haufen Zinselchen an. Sie waren sehr lustig, sprangen und hüpften durcheinander über die Furchen und verspeisten auch viele der Erbsenschoten.

Das ärgerte den Bauer und so haschte er nach ihnen, konnte aber keines von ihnen erwischen. Nur das Mützchen des einen ergriff er und hielt es fest in seiner Hand. Da begann das Zinselein zu wehklagen und bat flehentlich, ihm sein Mützchen zurückzugeben. Ohne selbiges konnte und durfte er nicht nach Hause kommen. Das Zinselein versprach dem Bauer, zum Lohne seiner Güte eine Wünschelrute auf seinen Acker zu stecken, mit deren Hilfe er einen großen Schatz finden solle. Daraufhin gab der Bauer das Mützchen zurück, nicht wissend, dass er den besten Schatz schon in den Händen

Die ehemalige Zinselhöhle bei Eisfeld um 1910/12.

gehalten hatte, weil sich der Besitzer eines Zwergenmützchens jederzeit unsichtbar machen konnte. Das Zwerglein aber nahm rasch sein Mützchen, setzte es wieder auf und war im gleichen Moment den Augen des Bauern entschwunden.

Als nun der Bauer am nächsten Morgen auf seinen Acker kam, steckte dort nicht eine, sondern ein ganzes Feld voller Ruten.

„Wie soll ich hier die richtige Wünschelrute herausfinden?“, fragte sich der Bauer. Am zweiten Tag waren aber aus all den Ruten schon große, starke Bäume geworden. Da hatte der Bauer einen ganzen Wald, so lang und so breit, wie sein früherer Acker und war so reichlich beschenkt.

3.
Der Schäfer an der Alten Schule

Vor vielen Jahren hütete einmal ein armer Eisfelder Schäfer seine Herde im Bärental. Plötzlich beobachtete er, wie sein Hund die Erde aufscharrte und ein tiefes Loch wühlte. Neugierig trat der Schäfer hinzu und entdeckte in der Erde zu seiner großen Überraschung einen Topf. Als er ihn endlich herausbrachte und öffnete, traute er seinen Augen kaum. Der Topf war bis an den Rand mit blanken Goldstücken gefüllt.

Das „Schulmännle“ als Sandsteinfigur vor der Alten Schule.

Sicher hatte vor langer Zeit einmal ein reicher Mann seinen Schatz hier vergraben und war vielleicht längst gestorben, ohne dass jemand die Stelle kannte. Wohl hätte der arme Schäfer das Geld gut für seine Familie brauchen können, doch er war ein ehrlicher Mann, der fremdes Gut nicht behalten wollte, und so lieferte er den Schatz im Rathaus ab. Da der Bürgermeister auch nicht feststellen konnte, wem das Geld gehörte, so übergab er es wieder dem Schäfer.

Dieser aber wies es zurück und sagte: „Wir wollen den Eisfelder Kindern von dem Geld eine Schule bauen, damit es allen Leuten zugutekommt."

Als die Eisfelder das erfuhren, freuten sie sich sehr, besonders aber freuten sich die Kinder, dass sie endlich ein schönes Schulgebäude bekommen sollten. Dieses steht heute noch und heißt Alte Schule. Um aber den Schäfer und seinen treuen Hund nicht zu vergessen, hat man beide in Stein gehauen und vor der Schule aufgestellt. Dort sind sie bis auf den heutigen Tag zu sehen.

4.
Irmin und Irmina

Unweit der Stadt Eisfeld erhebt sich der Irmelsberg, eine nach allen Seiten abfallende Bergkuppe. Die Geschichtsforschung führt den Namen des Berges auf die Existenz einer vorchristlichen Kultstätte mit einer dem germanischen Gott Irmin geweihten Irminsäule zurück.

Blick auf den Irmelsberg um 1960.

Im Eisfelder Schloss befindet sich heute das Heimatmuseum der Stadt.

Doch die Sage deutet den Namen Irmelsberg ganz anders. So wird erzählt, dass der Frankenkönig Dagobert eine Tochter gehabt habe, die Irmina hieß und wegen einer unglücklichen Liebe in die Waldeinsamkeit flüchtete. An einem Brunnen, der nach ihr Irmelsbrunnen genannt wird, ließ sie sich nieder. Wenn sie in diesem Brunnen badete, trübte sich das Wasser. – Auch heute ist der Irmelsbrunnen fast das ganze Jahr über trüb.

Einige sagen nun, die heidnische Königstochter Irmina habe dem Christentum zum Trotz den Sonntag nicht heilig gehalten, sondern Erbsen ausgesät. Der darüber erzürnte Christengott soll daraufhin die Erbsen in Steine verwandelt haben. Die erbsengroßen und erbsenfarbigen Kieselsteine, die auf dem Weg von Crock nach Eisfeld liegen, sollen der Sage nach Irminas Schürze entfallen sein, als sie mit ihrem letzten Besitz – nämlich einem Säckchen Erbsen – den Irmelsborn verließ und nach Eisfeld wanderte.

HESSBERG

Auf halbem Weg zwischen Veilsdorf und Hildburghausen liegt am rechten Ufer der Werra der Ort Heßberg. Im Jahre 1168 Hesseburg genannt, aber wahrscheinlich schon weitaus früher entstanden, war der Ort später Sitz der Herren von Heßberg, die in der Gegend über Gutsbesitz verfügten und Schutzvögte des Klosters Veilsdorf waren. Das zeilenförmig angelegte Dorf hatte bis 1838 ein Ober- und ein Untertor. Ein Blickfang ist der Turm der Kirche von Heßberg mit seinem sehr schönen Fachwerk am Obergeschoss. Auch das Innere des Gotteshauses ist für jeden Besucher sehenswert.

Zwei Sagen erzählen von der kraftspendenden Wirkung des Gebetes und der Bedeutsamkeit der Bewahrung frommer Bräuche.

5.

Vom zweimaligen Läuten am Donnerstagabend

Eine der edlen Frauen von Heßberg aus dem Geschlecht der Henneberger hatte sich eines Tages im dichten Wald verirrt. Von großem Hunger gequält und vom langen Umherirren schon todmüde sank sie völlig erschöpft auf die Knie und flehte Gott um Rettung an.

Gestärkt durch das innige Gebet unternahm die Edelfrau einen letzten Versuch, vor dem Hereinbrechen der Nacht doch noch eine bewohnte Stätte zu erreichen. Da dran-

Der Turm der Kirche von Hessberg.

Der Turm der Kirche von Hessberg mit seinem schönen Fachwerk am Obergeschoss.

gen plötzlich nahe Glockenklänge an ihr Ohr. Es war das Läuten der Heßberger Kirchenglocken, das die Gläubigen zum Abendgebet rief. Sie hatte den Ort bald erreicht. Zum Dank für ihre Rettung befahl sie, dass von nun an jeden Donnerstag kurz nach dem Gebetsläuten dieselbe Glocke aufs Neue ertönen und der Schulmeister für diesen Dienst vier Maaß Weizen und jährlich acht Gulden in Bar erhalten solle.

6.
Vom Spannbrot in Heßberg

Vor langer Zeit ließ die Heßberger Gutsherrschaft alljährlich aus 15 Maaß Roggen kleine Laibchen Brot backen und am Karfreitag nach dem Frühgottesdienst an der Kirchentür unter sämtlichen Einwohnern des Dorfes verteilen. Dieses sogenannte Spannbrot hatte – so erzählt die Sage – die besondere Eigenschaft, niemals zu schimmeln und die Besitzer zugleich vor allerlei Unheil im Hause zu bewahren.

Irgendwann fand aber einer der Herren von Heßberg diesen Brauch des Brotausteilens nicht gerechtfertigt und verbot seinem Voigt, das weiterhin zu tun. Doch da geschah es, dass in der folgenden Nacht die Heßberger durch ein lautes Krachen aus dem Schlaf gerissen wurden. Am anderen Morgen konnte man sehen, dass alle Gutsgebäude vom Giebel bis in die Grundmauer einen starken Riss bekommen hatten. Fortan wagte es keiner der Gutsherren mehr, den frommen Brauch zu verbieten.

HILDBURGHAUSEN

In einem weiten Tal liegt auf der rechten Seite der Werra Hildburghausen, die südlichste Kreisstadt Thüringens. Wann und wie die Stadt entstand, kann nicht mit Sicherheit festgestellt werden. In einer Urkunde vom 4. März 1234 findet sich die älteste überlieferte Namensform Hilteburghusin. Der Ort ist aber sicher älter und entstand wahrscheinlich als eine Niederlassung im Zuge der fränkischen Einwanderung. Der Name deutet darauf hin, dass die Stadt von einer Frau namens Hiltburg gegründet wurde.

Als ehemalige Residenzstadt mit einem brunnengeschmückten Markt und einem sehenswerten spätgotischen Rathaus hat sich die Altstadt, die auf einem flachen Hügel liegt, den Charakter einer thüringisch-fränkischen Kleinstadt erhalten. Besonders hervorzuheben ist Hildburghausen als Wirkungsstätte einer Reihe bedeutender, dem Fortschritt zugewandter Männer wie Carl Joseph Mayer, Wilhelm Rathke oder Dr. Ludwig Nonne. Die reichen, geschichtsträchtigen Traditionen der Stadt sind auch mit zahlreichen sagenhaften Überlieferungen verknüpft. Vier davon können hier nachgelesen werden.

7.

Der Tote in der Gottesackerkirche

In der Lichtstube in Hildburghausen belustigten sich Burschen und Mädchen mit allerlei Scherzen, erzählten einander Sagen und kamen auch darauf, ob man sich vor

Noch heute sind Reste der mittelalterlichen Stadtmauer erhalten. In deren unmittelbarer Nähe stand das Schloss der Herzöge von Hildburghausen.

Gespenstern zu fürchten habe oder nicht. Schließlich wurde die Frage aufgeworfen, ob ein Bursche wohl so furchtlos sei, zur Mitternachtsstunde in der Gottesackerkirche zu arbeiten. Es wurde eine Wette abgeschlossen und ein Schustergeselle erklärte sich bereit, es zu machen.

Gesagt, getan. Dort, wo er sich zum Arbeiten niedergelassen hatte, stand eine Totenbahre mit einem Leichnam darauf neben ihm. Nach einer Weile richtete sich der Tote auf. Da fasste der Schuster seinen Hammer und rief: „Was tot ist, bleibt tot" und schlug den Leichnam vor die Stirn. Da sank dieser nieder und der Schuster setzte seine Arbeit fort.

Nach einiger Zeit erhob sich der Tote abermals, um einen noch härteren Schlag mit dem Hammer zu bekommen, der ihn wieder hinstreckte.

Nach vollbrachter Arbeit packte der Schuster sein Arbeitsgerät zusammen und eilte zur Gesellschaft zurück. Verwundert empfing man ihn und bestürmte ihn zugleich mit Fragen, wie es ihm ergangen und ob ihm niemand erschienen sei. Unbefangen erzählte er sein Erlebnis und wie er mit seinem Hammer darauf reagiert hatte. Das löste bei den Lichtstubengenossen Entsetzen aus, da sie ja wussten, dass einer ihrer Kameraden nach der Wette fortgeschlichen war und sich auf die Bahre gelegt hatte, um den Schuster tüchtig zu erschrecken. Jetzt lag er noch immer dort und hatte das Aufstehen völlig vergessen.

Die Christuskirche im Stadtzentrum von Hildburghausen. Unterhalb dieser Kirche befand sich im Mittelalter die Gottesackerkirche.

Ein Blick auf den Schlosspark, den einstigen Schlossgarten.

8.

Das Hasengespenst im Schlossgarten

Als Hildburghausen noch ein eigenes Fürstenhaus hatte, stand vor dem stattlichen Schloss Tag und Nacht eine Schildwache. Zu einer Zeit, als das Militär im Krieg war, nahmen Bürgermilizen diese Aufgabe wahr. Und zu dieser Zeit ist gar mancherlei geschehen und darüber erzählt worden.

So zogen einmal zwei Bürgerwehrmänner zur Wache auf. Da es eine schöne Mondscheinnacht war, traten sie aus der Wachstube heraus ins Freie. Beide standen da ziemlich gedankenlos, als aus dem Schlossgarten plötzlich ein Hase auf sie zugehoppelt kam, vor ihnen stehen blieb und Männchen machte. Die Wächter versuchten den Hasen zu fangen, konnten ihn aber nicht erwischen. Dann wollten sie den zudringlichen Meister Lampe in die Flucht schlagen, was ebenfalls nicht gelang.

Plötzlich wurde der Hase größer und größer, begann seine großen Augen wie Feuerräder zu rollen und auch Feuer zu spucken. Noch hielten sich die Bürgerwehrmänner tapfer und legten ihre rostigen Gewehre auf ihn an. Als sie aber Feuer geben wollten, versagte bei beiden die Waffe. Dann verschwand der Hase wieder und die Wehrmänner flüchteten in ihr Wachstübchen.

Das spätgotische Rathaus auf dem Hildburghausener Markt.

9.

Die nächtliche Wehklage

Eines Nachts, als der Wächter zu Hildburghausen die Mitternachtsstunde ausrief und gerade die Gasse, die beim Rathaus auf die Marktgasse führt, hinaufging, vernahm er ein klägliches Wimmern und schlurfende Schritte. Als dieses Wehklagen kein Ende nahm, blieb der Wächter an jener Ecke stehen und leuchtete die Gestalt an. Er erblickte mit Grauen ein uraltes, völlig gebücktes Weib, das in graue Laken gehüllt war und ein spinnwebfarbiges Gesicht hatte. Es barmte noch einmal ganz herzzerreißend und zerfloss dann vor seinen Augen wie ein grauer Nebel.

Der Nachtwächter sah darin kein gutes Zeichen, sagte aber niemandem etwas davon und behielt die ganze Sache für sich.

In der folgenden Nacht, als derselbe Mann bei seinem Gang wieder an die Stelle kam, an der er das Gewimmer und Gewinsel vernommen hatte, erschrak er. Aus dem Haus sah er schwarze Rauchwolken in die Höhe steigen und gleich darauf eine helle Flamme aus dem Dach schlagen. Obwohl der Nachtwächter sofort Alarm schlug, dauerte es doch lange, bis genügend Hilfe kam. Das Feuer fraß sich unaufhaltsam fort. Plötzlich blieb es aber genau an jener Ecke stehen, an der die nächtliche Wehklage verschwunden war.

10.
Die Mehl-Eiche

Auf der Straße von Hildburghausen nach Schleusingen kommt man durch die Stadtwaldung. In dieser geht es – wie die Sage berichtet – nicht mit rechten Dingen zu.

Vor nicht allzu langer Zeit ging eine alte Frau aus Hildburghausen in jenem Forst ins Leseholz. Als sie im tiefen Wald angekommen war, sah sie unter einer großen alten Eiche eine weiß gekleidete und totenbleiche Frau, die auf ihrer Schulter einen schweren Sack voll Mehl trug. Sie ruhte sich an der Eiche von ihrer schweren Last etwas aus, winkte der alten Frau, näher zu kommen und gab ihr mit Gebärden zugleich zu verstehen, sie möge ihr den Sack abnehmen.

Die arme Alte aber hatte furchtbare Angst und vermochte gar nicht hinzusehen. Als sie ihren Blick wieder erhob und zu der Eiche sah, war die furchterregende Frau verschwunden.

Mit ihrem Leseholz wieder zu Hause angekommen, erzählte sie ihrer Nachbarin von der Begegnung, worauf diese erwiderte: „Ei Nachbarin, wisst Ihr denn dies noch nicht? Das ist keine andere als die böse Müllersfrau gewesen, die zu Lebzeiten die armen Leute um ihr Getreide betrogen hat. Für ihre sündhaften Taten wurde sie nach ihrem Tod in den Stadtwald verbannt, wo sie mit dem schweren Mehlsack so lange umgehen muss, bis ihr jemand den Sack abnimmt und sie dadurch erlöst. Die Eiche, an der die unbarmherzige Müllerin jedes Mal ausruhen darf, heißt Mehl-Eiche."

SCHLEUSINGEN

Am Südhang des Thüringer Waldes, inmitten einer Buntsandsteinlandschaft mit ausgedehnten Wäldern und Wiesen liegt in 400 Meter Höhe – ein wenig abseits von der Werra – das Städtchen Schleusingen. Fünf Täler vereinigen sich hier. Unterhalb der Stadt fließen Erle und Nahe zusammen, kurz darauf stößt die Schleuse zu ihnen.

Das Stadtbild wird von den weithin sichtbaren Schlossbauten geprägt, die sich als bedeutsame Denkmale feudaler Macht aus dem 15. und 16. Jahrhundert auf einem Felssporn im Südwesten der Stadt erheben. Auch wenn in einer Urkunde aus dem Jahre 1232 von einer „villa slusungen" die Rede ist, stimmt die Annahme, dass Mönche des Klosters Veßra um 1144 die Gegend wirtschaftlich erschossen haben. Sie brauchten Fische für die Fastenzeit und legten Mühlen und Fischteiche an. Wahrscheinlich leitet sich der Name Schleusingen von „slusa" ab, was soviel wie Fischwehr heißt. So gab der Ort auch dem Fluss seinen Namen. Die Sage erklärt den Namen und damit den Ursprung der Stadt allerdings anders.

11.

Das weiße Reh

Ein reicher Graf jagte einst in den Waldungen dieser Gegend, lange bevor es die Stadt gab. Er verfolgte unablässig ein weißes Reh, ohne dieses jedoch erlegen zu können.

Schloss Bertholdsburg in Schleusingen.

Die Skulptur der Wasserfee Slusia vor dem Rathaus.

Darüber brach die Nacht herein und der Graf, der seine Begleiter verloren hatte, musste auf dem bloßen Waldboden nächtigen.

Nachdem er sich am Fuße eines felsigen Berges niedergelegt hatte, gewahrte er einen ungewöhnlichen Glanz und erblickte eine Felsengrotte. In das darin befindliche kristallene Becken ergossen sich drei silberglänzende Quellen. Auf den lichten Wellen wiegte sich eine reizende Wasserfee, die um ihre Stirn ein blitzendes Band trug, auf dem die Zeichen S. L. U. S. zu lesen waren. Die Fee erhob einen süßen und bezaubernden Gesang. Als sie geendet hatte, winkte sie den Grafen zu sich heran und vertraute ihm an, dass jenes Reh, das er verfolgte, ihre Tochter sei, die ein böser Zauberer, der oben in einem gewaltigen und festen Turm wohne, verwandelt habe. Diesen Zauberer wolle sie in den Schlaf singen und der Graf solle ihn dann überwältigen und töten. Das werde ihm durch die Kraft der Worte gelingen, die ihr Stirnband zierten. Diese bedeuteten: SIE (nämlich die Tochter der Wasserfee) LIEBE UND SIEGE!

Das alles geschah nun wirklich. Und als der Zauberer getötet war, musste der Graf das Reh dreimal mit dem Wasser des Kristallborns, dessen drei Quellen die drei vereinigten Bergwasser Schleuse, Erle und Nahe waren, benetzen. Daraufhin verwandelte sich das Reh in ein wunderschönes Fräulein. Mit diesem vermählte sich der Graf und nannte sich und sein Geschlecht fortan von der Brunstedt. Er gründete das Schloss und die Stadt Schleusingen, deren Name sich aus den vier geheimnisvollen Buchstaben S. L. U. S. bildete. Auch behielt er zum Zeichen die Wasserfee im Stadtwappen.

Die alte Wasserfee soll noch im Schlossbrunnen, dem klarsten und besten Brunnen der Stadt, wohnen. Das Geschlecht derer von der Brunstedt artete aber aus und soll von den Grafen von Henneberg vertrieben worden sein.

12.
Der Mönchsstein

Wandert man vom Kloster Veßra nach Schleusingen das Tal aufwärts, so fand man in früherer Zeit unterhalb von Rappelsdorf und unweit der Zollbrücke auf einer Wiese einen mächtig großen Stein, der im Volksmund Mönchsstein genannt wurde. Der Sage nach soll ein Mönch aus Veßra den Stein zur Buße vom Kloster aus bis zu jener Stelle auf seinen Schultern getragen und dadurch das Klostergebiet erweitert haben.

In einer alten schriftlichen Nachricht wird die Geschichte noch ein wenig anders erzählt. Hier heißt es, dass sich bei der Gründung und Erbauung des Klosters Veßra durch den Grafen Gotebaldus oder Gottwalt von Henneberg um 1130 ein Mönch erbot, den Stein eine beträchtliche Strecke weit zu tragen, wenn der Graf dem Kloster im Gegenzug so viele Wiesen übereignen würde, wie der Mönch den Stein tragend abschreite. Der Graf willigte ein. Der starke Mönch trug den schweren Stein diese weite Strecke, brach aber dann tot zusammen.

13.
Die „Todtenlache“ bei Rappelsdorf

Unweit von Schleusingen kommt man kurz vor Rappelsdorf an einem Weiher vorbei, der eine merkwürdige und seltene Naturerscheinung ist, denn er friert im Winter nie zu. An diesen knüpft sich eine bewegende Sage.

Vor langer Zeit ereignete es sich, dass aus dem „Todtenlache“ genannten Weiher eine Nixe emporstieg; ein wunderschönes Mädchen mit scharlachroter Schärpe um die Lenden und mit einem Fischschwanz. Auch ihr Mieder war schuppig und von derselben seegrünen Farbe, wie das Wasser in der „Todtenlache“. Die Nixe trug ein schwarzes Korallenband um den Hals und den Busen bedeckte ein rotes Tuch mit einem Perlenstrauß.

In dieser Kleidung begab sich das Wasserfräulein in das unweit von Rappelsdorf gelegene Wirtshaus „Hudelsburg“. Alle Anwesenden dort waren fröhlich gestimmt und guter Dinge, denn es wurde gerade eine Hochzeit gefeiert.

Die Nixe hatte sich sehr schnell einen der jungen Männer ausgewählt, setzte sich zu ihm an den Tisch, um zu plaudern und zu kosen. Den Auserwählten nannte man den langen Friedel. Er gewann das holdselige Mädchen sehr lieb und tanzte mit ihm um

Der Weiher „Todtenlache" bei Rappelsdorf.

die Linde vor dem Wirtshaus. Sie war dem Friedel ebenso zugeneigt, herzte und küsste ihn und gab ihm auch zu verstehen, dass sie gerne seine Braut wäre.

Als es Abend geworden und die Nacht hereingebrochen war, sagte sie unter Tränen zu ihm: „Nun muss ich dich verlassen und wieder hinab ins Wasser, wo ich wohne. Ich bin schon sehr lange bei dir geblieben und zudem trotz meines Vaters Verbot hierher gekommen. Ich befürchte, dass ich mit meinem Leben dafür büßen muss. Lebe wohl, lieber Friedel, und merke dir gut, was ich dir sage: Geh morgen, sobald es tagt, an die „Todtenlache". Ist das Wasser hell und grün, so ist das ein Zeichen, dass ich noch am Leben bin. Wenn die Flut sich aber bleich und totenfarben zeigt, dann Geliebter, wird es für dich zur Gewissheit, dass mein Auge im Tode verloschen ist."

Darauf küsste sie ihren lieben Friedel noch einmal und entschwand dann in den Fluten der „Todtenlache".

Als er am anderen Morgen an den Weiher kam, fand er zu seinem Entsetzen das Wasser bleich und wie mit Blut gefärbt vor. Da ergriff ihn Verzweiflung und er sprang in das tiefe Wasser hinab, um so wenigstens im Tod mit seiner Geliebten vereinigt zu sein.

TROSTADT UND
DIE GEMEINDE KLOSTER VESSRA

Hinter Hildburghausen findet sich auf dem Weg nach Meiningen eine ganze Reihe von Dörfern an der Werra. Gemeinsam ist ihnen ihr hohes Alter, ihre Entstehung, mindestens aber ihre Entwicklung zur Zeit der fränkischen Kolonisation. Kulturhistorisch besonders bemerkenswert sind das nur aus wenigen Häusern bestehende Örtchen Trostadt und die Gemeinde Kloster Veßra.

Trostadt liegt in einem breiten Wiesengrund, aus dem mit dem Mühlberg und dem Hutsberg waldbedeckte Höhen aufsteigen. Im Jahre 795 erstmals als Trosnestati erwähnt, ist es eine der ältesten Siedlungen Südthüringens.

Unweit von Trostadt mit seinem berühmten Nonnenkloster, kurz vor der Mündung der Schleuse in die Werra liegt Kloster Veßra umgeben von den Werrabergen und den Henneberger Höhen. Der aus Klostergebäuden hervorgegangene Ort wurde 1135 als Vesserau erstmals urkundlich erwähnt und erlangte durch sein Prämonstratenserstift Bedeutung.

Die Ruine der imposanten, spätromanischen Klosterkirche von Veßra ist das bedeutendste Denkmal der romanischen Baukunst in Südthüringen.

14.
Veßra und Trostadt

Nahe dem Ausgang des Schleusetals lag die einst reiche und berühmte Prämonstratenserabtei Veßra. Nachdem im Kloster Veßra, in dem Mönche und Nonnen nachbarlich beisammen wohnten, im Nonnenhause bereits einmal ein Brand ausgebrochen war, hielt man es für angeraten, Stroh und Feuer voneinander zu trennen und erwählte einen weiter oben im Werratal liegenden Ort als „Strohstadt“. Man gab ihm aber den Namen Trostadt. Die Neugründung soll schon bald durch einen unterirdischen Gang mit dem alten Kloster verbunden worden sein.

In den nach dem Brand noch zu großen Teilen erhaltenen Klostergebäuden Veßras sollen noch Mönche wandeln, die nach einem großen Schatz in einem verfallenen und verschütteten Brunnen suchen.

Einem Abt von Veßra soll einst der Teufel erschienen sein und ihm viele Schätze für seine Seele geboten haben. Doch der Abt blieb seinem Glauben treu. Erzürnt fuhr der Teufel durch die Lüfte davon, schleuderte aber noch eine große Steinkugel nach dem Abt. Glücklicherweise traf sie den frommen Mann nicht, sondern fuhr schräg in die Mauer über dem Kreuzgang und blieb darin hängen.

15.
Die Jungfrau mit dem Zopf

Häufig ist an alten öffentlichen Gebäuden in dieser Gegend noch das Wappen der Grafen von Henneberg-Schleusingen zu sehen, oft sogar sehr kunstvoll in Stein gehauen. In diesem Wappen trägt der Helm des gräflichen und fürstlichen Herrschergeschlechts als Zier eine gekrönte Jungfrau, aus deren Krone eine mit Pfauenfedern geschmückte Säule emporragt. So sieht man das Wappen auch über dem Eingangstor des Klosters Veßra. Die Jungfrau ist ohne Arme dargestellt und trägt einen starken Zopf, nicht selten auch zwei Zöpfe. Dieses Jungfrauenbild soll Ausdruck der großen Weisheit des Herrschergeschlechts sein. Der Sage nach gibt es noch eine andere Erklärung dafür, wie die Jungfrau zum Helm- und Wappenschmuck wurde.

Ein junger Graf von Henneberg, der an einem Kreuzzug teilnahm, lernte im Orient die Tochter eines arabischen Königs kennen. Er verliebte sich in sie und versprach ihr die Ehe, wenn sie ihm auf sein Schloss folge. Er ritt voraus und die Sarazenin kam später mit ihrem Gefolge und reichen Schätzen nach.

Endlich hatte sie die Grafschaft Henneberg erreicht. Als sie durch das obere Werratal zog und in die Nähe des Klosters Veßra kam, hörte sie von den beiden Türmen der Abtei und von allen umliegenden Orten her feierliches Glockenläuten und fragte, was das zu bedeuten habe. Da verkündeten ihr die Leute, dass der Graf von Henneberg soeben Hochzeit feiere.

Im Hauswappen der Grafen von Henneberg-Schleusingen über dem Eingangstor des Klosters Veßra wurde die gekrönte Jungfrau mit dem Zopf verewigt.

Tief betrübt und außer sich vor Schmerz über die Untreue des Geliebten riss sie sich ihre schönen Haarzöpfe aus und gründete, nachdem sie Christin geworden war, als Troststätte das Kloster Trostadt. An der Stelle, wo sie das Hochzeitsgeläut vernommen hatte, ließ sie eine Kapelle errichten. Sie verwandte all ihr übriges Geld und Gut zu frommen Zwecken. Unter anderem ließ sie die Brücken bei Ober- und Untermaßfeld bauen.

Den Grafen aber rührte die Liebe der Sarazenin sehr und er suchte nach ihrem frühen Tod, ihr Andenken auf alle Arten zu ehren. So nahm er sie in sein Wappen auf. Ihren Leichnam ließ er in der Abtei Veßra beisetzen und widmete ihr im oberen Chor der Kirche ein schönes Grabmal, eine Tumba.

16.
Die Seelweckchen

Auf der steinernen Brücke, die in der Nähe des Klosters Veßra über die Schleuse führt, wurden eine Brezel und „Anna Arnertat † 1612“ in Stein gehauen. Dieses Wahrzeichen ist mit einer bewegenden Sage verknüpft.

Ein junges hübsches Bäckermädchen aus Themar, die einzige Tochter wohlhabender Eltern, wurde mit einem Korb voll Brezeln und Semmeln nach Veßra geschickt. Da der Korb schwer war, ruhte sich das Kind auf der Brückenmauer etwas aus. Sei es nun, dass die Schwere des Korbes das Mädchen rücklings niederzog oder dass der dort wohnende Wassergeist Hackelmärz dies tat – sie stürzte samt ihrem Korb von der Brückenmauer und fand in den Fluten den Tod. Die Eltern ließen jedes Jahr am Todestag ihrer Tochter zum Andenken auf der Veßraer Brücke Semmeln und Brezeln an die Schulkinder verteilen.

Im Testament der Eltern wurde der Armen- und Seelkasse von Themar eine beträchtliche Summe zugedacht. So bestand auch die alljährliche Verteilung der Semmeln fort. Die Kinder nannten diese Semmeln „Seelweckchen“.

Bis heute soll das verunglückte Mädchen zuweilen in einem schneeweißen Gewand auf der Veßraer Brücke erscheinen und ängstlich hin und her wandeln, als suche es etwas.

THEMAR

Eingebettet in grüne Wiesen, umrahmt von Laub- und Nadelwäldern, die zu den Werrabergen und zu den Henneberger Höhen hinaufsteigen, liegt Themar – die Stadt der sieben Türme. Gut erhaltene Reste von Mauern und Türmen der mittelalterlichen Stadtbefestigung, eine Kirche mit wertvollen Kunstwerken sowie Fachwerkhäuser im fränkischen Stil zeugen von der bewegten Vergangenheit des Ortes. Erste Kunde von Themar ist uns aus dem Jahre 796 überliefert. Tagamari war damals der Ortsname, der mit großer Wahrscheinlichkeit von „daha“ (= Lehm) und „mari“ (= Sumpf) abgeleitet wurde und damit auf das lehmige Sumpfgelände hinweist, in dem die Siedlung angelegt wurde.

17.
Der Teufelsstein

Nördlich der Stadt erhebt sich der 557 Meter hohe Feldstein, auch Teufelsstein genannt, über den Sagenhaftes berichtet wird.

Auf Wunsch eines Ritters, der ihm dafür seine schöne Tochter versprach, sollte der Teufel auf dem kleinen Gleichberg eine feste Burg bauen. Der Ritter machte es zur Bedingung, dass die Burg in einer einzigen Nacht, noch vor dem ersten Hahnenschrei fertig werden musste. Als der Teufel mit dem letzten Stein vom Thüringer Wald geflogen kam, schlich sich die Amme des Ritterfräuleins, die Böses witterte, mit einer

Das Naturdenkmal Teufelsstein bei Themar.

Laterne in den Hühnerstall, sodass der Hahn, in der Meinung der Tag sei angebrochen, zu krähen begann. Wütend darüber, dass er umsonst geschuftet hatte, ließ der Teufel den riesigen Stein fallen. Vom Aufprall zerbarst er und wurde zu dem einzigartigen Naturdenkmal, das wir Teufelsstein nennen.

18.
Die Trompeter-Eiche

Unweit von Themar, in der Nähe des Dorfes Oberstadt soll einst die sogenannte Trompeter-Eiche gestanden haben. Natürlich trifft der Besucher heute die alte Eiche nicht mehr an. Der knorrige Baum mit einer weit ausladenden Krone und einem hohlen Stamm, in dem fünfzehn Kinder Platz finden konnten, ist einem Brand zum Opfer gefallen. Die alte Eiche ist durch eine junge ersetzt worden, die aber den alten Namen trägt. An diesen knüpft sich folgende Legende.

Als im Dreißigjährigen Krieg, der das ganze Henneberger Land, vornehmlich aber diese Gegend, in deren Nähe sich kaiserliche und schwedische Truppen gegenüberlagen, heimsuchte, kam in beide Heerlager zugleich die Kunde von dem endlich geschlossenen Frieden. Da sandte jeder der beiden Oberbefehlshaber einen Trompeter an den Gegner ab, um ihm nach Kriegsbrauch den Frieden anzublasen.

Die neu gepflanzte Trompeter-Eiche im Wald bei Oberstadt.

Unter besagter Eiche begegneten sich die beiden, sagten einander ihre Botschaft, stiegen auf die Eiche hinauf und bliesen vom grünen Wipfel des Baumes den Frieden in die Welt hinaus, dass es laut über Höhen und Täler schallte. In den Dörfern, in denen man die Kunde vernahm – wie einst die Hirten auf dem Felde die Stimme des Engels – wurden die Glocken geläutet, sodass sich die frohe Botschaft schnell über das ganze Land verbreitete. Die Eiche, von der die Botschaft ausging, heißt seither Trompeter-Eiche.

19.
Der Eingefallene Berg und das Dörfles

Oberhalb von Themar senkt sich am linken Werraufer schroff und steil eine nur wenig bewachsene Felsenwand fast bis zum Fluss hinab. Dieser Berg besteht gleichsam aus drei Teilen, wovon auch jeder seinen eigenen Namen hat. In unmittelbarer Stadtnähe befindet sich der Gehegte Berg, abseits in Richtung Grimmelshausen der Iltenberg, der mittlere Teil heißt Eingefallener Berg.

Als sich dieses Felsengebirge vor langer Zeit in gerader Richtung zertrennte und herniederstürzte, begrub es das am Fuß des Berges gelegene Dörfchen Dörfles unter den Trümmermassen. Noch heute wird diese Gegend so genannt.

Der Hexenturm in Themar ist einer der sieben Türme der mittelalterlichen Stadtbefestigung.

Das Naturschutzgebiet des Eingefallenen Berges oberhalb von Themar.

Der Sage nach führten die Bewohner des Dörfles ein Gott sehr missfälliges, ruchloses Leben, sodass die Strafe Gottes über sie kam und der einstürzende Berg sie mit Mann und Maus tötete.

Eine dunkle Kluft, Eisloch oder auch Kalte Hölle genannt, zieht sich in den Fels hinein und der Schlund senkt sich in eine grauenvolle Tiefe. An dessen Grund soll Wasser sein, das von einer Verbindung mit dem Meer herrühren soll. Aus der Tiefe dieser schaurigen Schlucht will man oft Seufzer und Geheul vernommen haben und man sagt, dass dieses von den Seelen der verdammten Bewohner des Dörfles herrühre.

20.
Die Gipsgrube

Eines Tages ging ein Mann aus Themar auf sein am Eingefallenen Berg gelegenes Feld. Unweit der Obermühle begegnete ihm eine stadtbekannte alte Frau. Er begrüßte sie freundlich und sie fragte ihn geheimnisvoll, wohin er wolle.

„Auf meinen Acker, da oben am Eingefallenen Berg", entgegnete er.

„Nun da will ich auch hin", sprach die Alte und trippelte neben ihm her.

Als beide auf dem Feld angekommen waren, deutete sie auf einen Fleck inmitten des Ackers und sagte: „Hier auf dieser Stelle erreicht man am ehesten ein im Berg befindliches, größeres Gipslager, dessen Abbau reichlichen Gewinn verspricht."

Nach dieser Prophezeiung ging sie schweigend davon und war bald hinter den Büschen verschwunden. Nachdenklich ging der Mann nach Hause und erzählte seiner Frau von dieser wundersamen Begegnung. Da es ihn drängte, den Worten der Alten zu folgen, ließ er Bergleute kommen und Untersuchungen anstellen. Kaum waren die Arbeiter in die Tiefe der Erde vorgedrungen, entdeckten sie ein äußerst ergiebiges Gipslager, das viele Jahre lang abgebaut werden konnte. Seltsamerweise kam mit dem Tod des Eigentümers auch die Gipsgrube wieder zum Erliegen. Nur eine Delle im Boden zeugt noch von ihrer Existenz.

21.
Die Kamelskammer und der Kamelsbrunnen

Wenn man sich von Themar aus entlang des Weißbachs in Richtung des Dorfes Lengfeld begibt, kommt man an eine Vertiefung, in der sich ein Brunnen befindet.

In einem heißen Sommer gingen einst zwei Männer aus Themar durch die Feldflur. Da fühlte einer der beiden brennenden Durst, sodass er nahe dran war umzusinken. Er sagte zu seinem Begleiter: „Ich will umkehren und wieder heimwärts gehen, um meinen Durst zu löschen."

Als er schon kehrt gemacht hatte, sank er aus Mattigkeit an einem Rain hin. Doch was war das? Da plätscherte etwas in der Nähe, wie wenn Wasser auf die Erde gegossen würde. Er erhob sich mühsam und machte ein paar Schritte auf das Geräusch zu. Da glaubte er seinen Augen nicht zu trauen. Zu seinem großen Erstaunen sah er vor sich ein Kamel, das sich niederbückte und aus einer hervorsprudelnden Quelle soff. Vorher war an diesem Ort keine Quelle gewesen. Freudig eilte er hinzu und löschte seinen brennenden Durst mit dem klaren, kühlen Wasser.

Diese wundersame Entdeckung verkündete er natürlich all seinen Freunden und Nachbarn, die sich daraufhin neugierig aufmachten, das Kamel und die neue Quelle selbst in Augenschein zu nehmen. Frisch und klar sprudelte das Wasser aus der Erde hervor, aber das Kamel war leider fort und wurde auch nicht wieder gesehen.

Zur Erinnerung an dieses Wunder ließen die Themaraner das Kamel in Stein hauen und über der später gefassten Quelle aufstellen. Sie bekam den Namen Kamelsbrunnen und trägt ihn noch heute.

Der Ort, an dem das Kamel und die Quelle erschienen waren, gleicht einer Wohnung oder einer Kammer und wird noch immer Kamelskammer genannt.

VACHDORF UND BELRIETH

Nur wenige Kilometer von Themar entfernt erreicht die Werra Vachdorf und Belrieth, zwei sehr alte, historisch und kulturhistorisch interessante Dörfer.

Vachdorf, bereits 803 als Fahedorph urkundlich erwähnt, soll von Fischern gegründet worden sein, die sich an der einst fischreichen Werra niedergelassen hatten.

Der Name des Ortes Belrieth, ursprünglich Belliroth geschrieben, taucht erstmals in einer Urkunde Kaiser Ludwigs des Frommen aus dem Jahre 840 auf. Ziemlich sicher ist, dass König Heinrich I. im Jahre 930 in Vachdorf und Belrieth weilte, um die beiden strategisch wichtigen Orte gegen die drohenden Einfälle der Ungarn befestigen zu lassen.

22.
Wandervolk im Lande Henneberg

Vachdorf soll einst keinen einzigen Einwohner mehr gehabt haben, weil die verheerende Pest alle dahingerafft hatte. Da kam nun Wandervolk in das menschenleere Dorf, wurde in der Gegend sesshaft und verteilte unter sich die Äcker und Güter. Sie waren schon lange da, ehe in der Umgebung überhaupt jemandem auffiel, dass Vachdorf eine neue Bevölkerung hatte. Der Grund dafür soll gewesen sein, dass die Nachbardörfer ebenso von der Pest heimgesucht worden waren. Lange Zeit später will man an den Vachdorfern noch immer Spuren jener Abstammung wahrgenommen haben, was die Bewohner

Die Kirchenburg in Vachdorf.

jedoch vehement bestritten. Die Stadtchronik von Meiningen vermerkt das erste Auftreten von Wandervolk in dieser Gegend im Jahre 1435.

23.
Die weiße Jungfrau mit dem Schwert in der Brust

Auf dem Belriether Berg erhebt sich ein länglicher Hügel in der Form eines Grabes. An der Spitze des Belriether Berges steht eine uralte knorrige Fichte. Vor langer Zeit lebte auf der Burg zu Belrieth ein Ritter, der eine schöne Base bei sich hatte, die ihm den Haushalt führte und die er auch mit seiner Liebe verfolgte. Sie aber wollte nichts von ihm wissen und entfloh, nachdem er zudringlich geworden war.

Als der Ritter von ihrer Flucht erfuhr, setzte er ihr nach. Auf dem Belriether Berg holte er das Mädchen ein. Sie war nicht bereit, sich seinen Wünschen zu fügen und mit ihm zurückzukehren. Da wurde er vor Zorn und Wollust so wütend, dass er der Armen sein Schwert in die Brust stieß und sie unter einer jungen Fichte begrub. Von diesem Tag an verkrüppelte der Baum und die Jungfrau wandelte mit dem Schwert in der Brust als weißes Gespenst umher. Den grausamen Ritter aber traf die gerechte Strafe für seine Untat. Er wurde mit dem Schwert hingerichtet. Der Landesherr, Graf Hermann von Henneberg-Aschach, schenkte den Belriethern die Burg zum Abbruch. Mit den Steinen erweiterten sie ihre alte, kleine Kapelle zu einer Kirche.

Die Kirchenburg in Belrieth.

GRIMMENTHAL

Ganz nahe dem Werratal liegt an der Mündung des Haseltales in die Werraaue der Ort Grimmenthal. Einst war der Ort sehr berühmt. Grimmenthal war im ausgehenden Mittelalter ein bekannter Wallfahrtsort. Heute kennen ihn Zugreisende meist von seinem Bahnhof her. Hier treffen sich die Strecken Erfurt–Arnstadt–Suhl–Meiningen und Eisenach–Meiningen–Hildburghausen–Eisfeld. Der urkundlich überlieferte Ortsname von Grimmenthal lautete Grinthal – grünes Tal.

24.

Vom Grimmenthal

In Grimmenthal stand unter einer hohen Linde ein uralter Bildstock mit einem Muttergottesbild. Heinz Teufel, ein in die Jahre gekommener Rittersmann, der früher in Kriegsdiensten des Bischofs von Würzburg gestanden hatte und sich in Obermaßfeld zur Ruhe gesetzt hatte, soll einst auf der Rückkehr von der Jagd lebensgefährlich erkrankt sein. Mit letzter Kraft schleppte er sich vor den Bildstock und flehte die Jungfrau Maria um Rettung an. Das Unglaubliche geschah: Seine Schmerzen verschwanden und er wurde augenblicklich gesund. Von nah und fern eilten fortan Menschen herbei, priesen das Wunder und schmückten das Bild der Madonna mit Blumen. Heinz Teufel ließ – dankbar für seine Genesung – über dem Bildstock eine Kapelle errichten, die der Fürstgraf Wilhelm von Henneberg später zu einer prachtvollen Kirche erweiterte.

Der sagenumwobene alte Bildstock ist nicht mehr erhalten, doch im Jahre 2006 wurde dieser neue Bildstock mit Muttergottesbild erbaut.

Wie wir aus der Geschichte wissen, wurde diese Kirche zum Anziehungspunkt für fromme Wallfahrer und wundergläubige Kranke.

Martin Luther war empört über dieses Gebaren und bezeichnete „den Pilgerrummel“ im „grimmen Tal“ als großen Betrug des Teufels, der die Leute so verblende, „als wären sie toll und töricht“. Nach der Reformation gingen die Wallfahrten zurück. Im Jahre 1545 wurde die Wallfahrtskirche von Grimmenthal geschlossen und statt ihrer ein Hospital gegründet.

25.
Von der Hinrichtung des Spuks in Grimmenthal

In dem oberhalb von Meiningen gelegenen „Spittel“, dem früher so berühmten Wallfahrtsort in Grimmenthal, diente einst ein junges Mädchen als Magd. Sie wurde außerehelich schwanger. Da sie sich die Liebe und Achtung ihrer Mitmenschen erworben hatte, ahnte niemand etwas von ihrem Zustand.

Diesen für sie günstigen Umstand nutzte sie aus und brachte das Kind heimlich zur Welt, tötete es und vergrub das kleine Wesen in der Nacht unter einer Steinplatte im Keller. Die Tat blieb unentdeckt und so starb sie später im Spital als geachtete Frau. Allen war jedoch aufgefallen, dass sie in ihren letzten Jahren eine große Unruhe gezeigt hatte und schlecht hatte schlafen können.

Eines Morgens berichtete ihre Nachfolgerin im Dienst, dass ihr die alte Magd schon seit einigen Nächten in ihrer Zelle mit einer Hacke in der Hand erschienen sei und sie aufgefordert habe, ihr zu folgen. Der Leiter des Spitals meldete dies nun dem Beichtvater. Dieser verbrachte daraufhin mit zwei weiteren Geistlichen eine Nacht in der Zelle der Magd. Genau in der zwölften Stunde erschien der Geist, gestand die begangene Untat und zeigte ihnen die unter der Steinplatte vergrabenen Reste eines neugeborenen Kindes. Die Verbrecherin, die so lange keine Ruhe hatte finden können, bat nun die Geistlichen, ihr Recht widerfahren zu lassen und über sie zu richten.

Am anderen Tag machten die drei Geistlichen höheren Orts Anzeige, woraufhin die Hinrichtung der Kindsmörderin angeordnet wurde.

Am nächsten Morgen fand in Anwesenheit eines weltlichen Beamten die seltsame Exekution durch einen Scharfrichter an der Hinrichtungsstelle in Grimmenthal statt. Als die Vorbereitungen getroffen waren, erschien unter schrecklichem Getöse die alte Magd, nahm den Richterspruch des weltlichen Beamten weinend entgegen und setzte sich auf einen mit einem schwarzen Tuch bedeckten Schemel. Hierauf trat der Henker vor und verrichtete sein Amt.

In dem Augenblick, als er den sicheren Hieb getan, war das unheimliche Gespenst verschwunden. Die Reste des Kindes wurden auf dem Grabhügel der Mutter beigesetzt. Da sich diese nie wieder zeigte, muss sie jetzt ihre Ruhe gefunden haben.

Von der alten Wallfahrtskirche in Grimmenthal, die später zu einem Hospital umgebaut wurde, sind heute nur noch Reste erhalten.

HENNEBERG

Das typisch fränkische Dorf Henneberg ist landschaftlich schön gelegen. Der Name des Ortes leitet sich von der Burg der Grafen von Henneberg auf dem nahen Schlossberg ab. Aus den Baumwipfeln des 520 Meter hohen, nach allen Seiten steil abfallenden Bergkegels ragen die Ruinen der Stammburg des Grafengeschlechts heraus. Die von Hennebergs hatten sich zu ihrer Zeit über ganz Süd- und Südwestthüringen ausgebreitet. Neben der Wartburg ist die Burg der Henneberger die bedeutendste im Thüringer Land. Sagenhaftes ist über den Ursprung der Grafen von Henneberg sowie über die Zauberkräfte des Henneberger Bauern Neumann überliefert.

26.

Der Ursprung des gräflichen Hauses Henneberg

Um das Jahr 455 nach Christi Geburt soll ein reicher edler Römer aus dem Geschlecht der Columneser namens Poppo gelebt haben. Dieser war mit den damaligen Zuständen in seiner Heimat so unzufrieden, dass er den Entschluss fasste, Italien zu verlassen und sich in Deutschland niederzulassen.

In dieser Absicht verkaufte er seine Schlösser und Güter, belud mit dem Erlös einen Maulesel und machte sich durch Bayern und Schwaben auf den Weg nach

Die Burg Henneberg, von der heute nur noch die Ruine erhalten ist, war neben der Wartburg einst die wichtigste Burg des Thüringer Landes.

Die Ruinen der Burg Henneberg, der Stammburg des Grafengeschlechts von Henneberg.

Franken. Die dortige Gegend muß ihm so gut gefallen haben, dass er sich entschloss, hier auf einem Berg eine Burg zu bauen und sich mit seiner Familie dort anzusiedeln. Als bei den ersten Bauarbeiten eine Berghenne mit ihren Küken aufflog, nahm er das zum Anlass, das hier gebaute Schloss Henneberg zu nennen, sein bisheriges Familienwappen aufzugeben und dafür eine schwarze Henne mit rotem Kamm und Bart, die auf einem goldenen Feld auf einem dreihügeligen Berg steht, in sein Familienwappen aufzunehmen.

27.
Vom Hexenmeister Neumann

Vor über einem Jahrhundert lebte in Henneberg ein gewisser Bauer Neumann. Er hatte sich schon in vielen Ländern umgesehen und bei fremdem Kriegsvolk mancherlei geheime Kunst erlernt. Man nannte ihn nur den weisen Mann oder den Hexenmeister von Henneberg.

Zur Zeit des Siebenjährigen Krieges saß er einmal in einem Bauernhaus zu Harles, als gerade eine Schar Kriegsvolk auf den Hof geritten kam. Die Bäuerin war gleich in großer Sorge, weil sie eine erneute Ausplünderung befürchtete. Neumann tröstete die jammernde Frau und versicherte, dass er dafür sorgen werde, dass ihr nichts geraubt werde. Daraufhin ging er hinaus auf den Hof, umschritt vor sich hin murmelnd drei-

Vom Aussichtsturm der Burgruine hat man einen weiten Blick über das Henneberger Land.

mal die eingedrungenen Reiter, die auf einmal steckensteif, ohne ein Glied rühren zu können, auf ihren Pferden saßen. So ließ er die Eindringlinge eine Stunde lang unbeweglich sitzen. Dann sagte er zu der Frau: „Nun haben sie lange genug gesessen und das Plündern wird ihnen jetzt vergangen sein. Ihr braucht Euch nicht mehr zu ängstigen."

Neumann ging wieder auf den Hof, umschritt erneut dreimal in entgegengesetzter Richtung die Reiter, die sich nun plötzlich wieder bewegen konnten und so schnell als möglich davonjagten.

Über Bauer Neumann gibt es noch eine andere Sage, die seine besonderen Fähigkeiten beschreibt. Darin heißt es, dass in seinem Garten ständig Obst gestohlen worden sei. Um den Übeltäter zu erwischen, habe er daraufhin einen Bund mit dem Teufel geschlossen, der seine Bäume so verzaubert habe, dass der Dieb auf ihnen festsaß, bis Neumann herbeieilte und ihn beim Kragen packte.

MEININGEN

Wenige Kilometer nördlich des großen Werraknies liegt in einem Kranz bewaldeter Berge, von Wiesen umgeben und 298 Meter hoch die Kreisstadt Meiningen. Die Nähe des Thüringer Waldes und der Rhön, vor allem deren bis an den Stadtrand heranreichende Ausläufer Dolmar im Osten und Hohe Geba im Westen, machen Meinigen besonders reizvoll. Hier befinden wir uns im Grenzland zwischen Thüringen und Franken.

Zum ersten Mal fand die Stadt im Jahre 982 als Meininga Erwähnung. Am 7. Mai 1008 wurde der Übergang der Mark Meiningen an das Bistum Würzburg bestätigt. Damit kam die Stadt für ein halbes Jahrtausend unter die Herrschaft des Krummstabes.

Für den Besucher künden Schloss, Park und Theater von Kunst, Literatur und Musik. Jedem tritt eine innige Verflechtung des Alten mit dem Neuen, der Stadtgeschichte und Kulturgeschichte mit dem pulsierenden Leben der Gegenwart entgegen. So ist es nur allzu verständlich, dass ein solch geschichtsträchtiges Umfeld auch ein guter Nährboden für Sagen war.

28.

Vom Schatz auf dem Landsberg

Zwischen Meiningen und Walldorf, ungefähr eine halbe Stunde unterhalb von Meiningen springt ein Bergrücken in das Wiesental der Werra vor, den bis zum Bauernkrieg die Burg Landwehr, später Landsberg, krönte.

Schloss Landsberg wurde anstelle der alten Burg Landwehr errichtet.

Der eingestürzte Turm der alten Burg Landsberg.

Von dieser Burg waren nur noch der Rest eines gesprengten Turmes und weniges Mauerwerk vorhanden, als Herzog Bernhard von Meiningen im Jahre 1836 dort oben den Neubau von Schloss Landsberg begann. Das Schloss wurde zur Zierde der Gegend.

Lange bevor das neue Schloss dort oben stand – so erzählt es die Sage –, kam einmal ein Jägersmann in die Nähe des verfallenen Turmes. Da trat ihm plötzlich ein winzig kleiner Zwerg freundlich entgegen und überreichte ihm eine prächtige Schlüsselblume, an deren Wurzel ein Schlüssel hing. Der Zwerg forderte den Jäger auf, sich mithilfe des Schlüssels in den Besitz des auf dem Berg vergrabenen, reichen Schatzes zu bringen. In dem Augenblick, da sich der Jäger dazu anschickte, rief ihn das Jagdhorn seines gestrengen Herrn an dessen Seite. Als der Jäger später zu dem Platz zurückeilte, um den Schatz zu heben, war der Eingang verschwunden und alles Suchen nach demselben vergeblich.

29.
Der Hexenberg

Unweit von Meiningen liegt am linken Werraufer das Straßendorf Untermaßfeld. Über dem rechten Flussufer erhebt sich der 479 Meter hohe Hexenberg. Eine sehr bewegende Sage gibt Aufschluss über die Entstehung seines Namens.

Der Berg bei Untermaßfeld kam nicht zu seinem Namen, weil auf ihm die Hexen tanzten, sondern weil sie hier bedauernswerterweise verbrannt wurden.

Auch Hans Schau, ein armer Junge aus Leutersdorf, war der Hexerei angeklagt. Obwohl er seine Unschuld beteuerte, folterte man ihn im Amt zu Maßfeld so lange, bis er bekannte, ein Hexer zu sein. Aus Jena kam die Anordnung, dass er verbrannt werden sollte.

Der Jüngling wurde aus dem Dorf, über die Werrabrücke, die Hexentreppe den Berg hinauf geführt. Viel Volk lief mit. Als der Zug den Berg etwa halb hinauf war, traf er auf einen Bauer, der Pfähle einschlug, um junge Bäume anzubinden.

Da wandte sich bei einem dieser Pfähle der Jüngling weinend nach dem Volke um, hob seine gefesselten Hände gen Himmel und rief: „So wahr ich unschuldig zum Tode geführt werde, so wahr wird Gott ein Zeichen setzen und geben, dass dieser dürre Pfahl ausschlägt und zum starken Baum wird."

Der Richter und das Volk aber lachten über den Burschen. Oben angekommen wurde er verbrannt. Als alle wieder herunterkamen, blieben einige bei dem Pfahl stehen, und siehe da, aus dem toten Holz sprossen grüne Blätter und braune Zweiglein, aus denen wiederum Knospen brachen. Darüber wunderten sich alle und gingen nachdenklich nach Hause.

Und seitdem ist keine Hexe und kein Hexenmeister mehr im Henneberger Land verbrannt worden. Der Pfahl aber wurde eine starke Buche.

Der Hexenberg bei Untermaßfeld – ein Ort grausamer Hexenverbrennungen.

30.
Vom Spuk an der Reimleser Brücke

Vor einiger Zeit befand sich eine junge Frau aus Meiningen mit einer Gesellschaft spät abends auf dem Rückweg von der Amalienruh nach Meiningen. Als sie an die Reimleser Brücke kamen, sah die Gruppe an der Straße in einiger Entfernung ein größeres dunkles Gebilde. Als alle näher herankamen, konnten sie sechs schwarz gekleidete Männer erkennen, die einen Sarg auf ihren Schultern trugen und damit alsdann langsam und schweigend ganz nahe an ihnen vorübergingen.

Die Gesellschafter waren natürlich erschrocken und fanden es sonderbar, jemanden zu dieser Stunde zu beerdigen.

Als die junge Frau einige Tage später einer Bewohnerin jener Gegend von ihrer Verwunderung über das nächtliche Ereignis erzählte, erfuhr sie, dass sich die von ihr gesehene Prozedur dort alljährlich zur selben Stunde vollziehe. Im Dreißigjährigen Krieg – so berichtete die Frau – hatte an jener Stelle das Dörfchen Reimles gelegen, das von den dort wütenden Kroaten dem Boden gleichgemacht worden sei, wobei sie alle Einwohner niedergemetzelt hätten. Da die Reimleser so fromme und gottesfürchtige Leute gewesen seien, habe Gott den auf diese furchtbare Weise Dahingeschiedenen erlaubt, seither jedes Jahr zu der bestimmten Stunde einen der Ihrigen durch die sechs Schwarzen aufzuheben und auf dem ehemaligen Gottesacker des Dorfes zu beerdigen.

31.
Vom Drachenberg bei Meiningen

Der Sage nach soll der sich bei Meiningen gen Osten erhebende Drachenberg seinen Namen von einem schrecklichen Drachen erhalten haben, der in alter Zeit auf ihm hauste. Unweit des Bahnhofs, den wir heute dort finden, stand hier seinerzeit auch ein Ordenshaus der Tempelherren.

Einst ging ein Handwerksbursche über den Drachenberg nach Meiningen. Als er an die Stelle gekommen war, wo einstmals das Ordenshaus gestanden hatte, stieß er plötzlich auf eine breite und tiefe Bergspalte. Er trat von Neugier getrieben näher heran und sah zu seinem Schrecken an einem mächtig großen Tisch zwölf Ordensritter, in ihre weißen Mäntel mit den roten Kreuzen gehüllt, schlafend sitzen. In seiner Angst rief der Bursche: „Gelobt sei Jesus Christ!"

Im gleichen Augenblick erhoben sich die zwölf Ritter und sprachen: „In Ewigkeit, Amen! – Auf diesen Gruß haben wir nun über 500 Jahre lang gewartet!"

Ehe es sich der Bursche versehen konnte, war alles wieder vor seinen Augen verschwunden.

HERPF

Über die Hochfläche, auf der Dreißigacker liegt, und durch den Wald zu Füßen des Dreißigackerer Berges führt die Straße nach Herpf, einem altfränkischen Runddorf. Durch das Tal des gleichnamigen Flüsschens führte die ehemalige Handelsstraße nach Frankfurt am Main. Herpf ist einer der ältesten Orte in der Meininger Gegend. Er wird bereits um 788 in alten Urkunden erwähnt und war mit einer Ringmauer als sichtbarem Ausdruck seines wehrhaften Charakters umgeben. Wie für alte Dörfer typisch, rankt sich auch um Herpf ein Kranz von Sagen.

32.

Vom Mönchsbrunnen und dem spukenden Fuhrmann

Als in Herpf noch das Kloster stand, stahl ein Mönch Geld aus der schweren Klosterkasse. Er und der Fuhrmann, der ihm beim Wegschaffen des Diebesgutes geholfen hatte, wurden jedoch schon vor dem Dorf eingeholt, zurückgebracht und am rechten Ufer der Herpf in der Nähe einer Quelle standrechtlich hingerichtet.

Der dortige Brunnen heißt seit dieser Zeit Mönchsbrunnen und eine nahe Stelle wird Mönchswasserung genannt, weil der Spuk eine von den Herpfern dort angelegte Wasserung nicht duldete und so die von den Leuten tagsüber ausgeführte Arbeit nachts wieder zerstörte.

Ein Teil des äußeren Rings der mittelalterlichen Befestigungsanlage um Herpf.

Der Mönchsbrunnen am Ortsrand von Herpf in Richtung Melkers.

Hier findet man auch einen Holunderstrauch. Der fliehende Mönch war seinerzeit genau bis zu diesem Strauch gekommen und seither scheint er verwunschen zu sein, denn obwohl er seitdem jedes Jahr von den Bauern des Dorfes ausgeackert wurde, grünt er jedes Frühjahr aufs Neue.

33.
Der Jungfernstein

Am Wege von Herpf nach Meiningen lag bis in die jüngere Vergangenheit noch ein halb verwitterter, länglich rechteckiger Stein, auf dem ein Totenkopf zu sehen war. Die Platte wurde Jungfernstein genannt und erinnerte an folgendes Ereignis:

Das Dorf Herpf war im Dreißigjährigen Krieg von den Kaiserlichen besetzt. Zu dieser Zeit begleitete das schönste und tugendhafteste Mädchen des Dorfes ihren Liebsten, den Maurer Memmler, ein Stück des Weges nach Meiningen. Ein Rittmeister der böhmischen Reiter, der ein Auge auf das Mädchen geworfen hatte, überfiel es auf dem Rückweg. Das Mädchen wehrte sich verzweifelt gegen den Ritter, sodass er es in blinder Wut durch einen Degenstich in die Brust tötete. Den Leichnam ließ er am Ort des Geschehens liegen. So fand der heimkehrende Maurer Memmler seine Liebste. Er schwor, diese grausame Bluttat zu rächen, grub ihr an jener Stelle ein Grab und meißelte mit eigener Hand den Gedenkstein. Dort soll sich an gewissen Tagen bis heute eine Jungfer sehen lassen.

Links: Die Ringmauer um den Kirchhof in Herpf. Rechts: An der Innenmauer des Rings finden sich diese vor dem Dreißigjährigen Krieg errichteten Gaden.

34.

Von der Wahniser Buche

In der Nähe von Herpf steht eine alte Buche, die dort unter dem Namen Wahniser Buche allgemein bekannt ist. Ein Landjäger namens Wahnis hatte in Seeba eine Bande frecher Landstreicher aus Herpf festgenommen, um sie nach Untermaßfeld ins Gefängnis zu bringen. Unterwegs bat der Anführer den Polizisten, einen kleinen, angeblich ermüdeten Knaben der Bande doch hinter sich mit auf das Pferd zu nehmen. Der gutmütige Landjäger entsprach der Bitte.

Doch kaum hatten sie den Wald erreicht, rief der Landstreicher dem Knaben zu: „Johann, blas mir einmal eins!"

Im Nu zog der Kleine eine Pistole aus der Tasche und drückte sie rücklings auf seinen Vormann ab, sodass dieser an der erwähnten Buche tot vom Pferd stürzte. Im gleichen Augenblick blitzten auch bei den Mitgliedern der Bande schon Messer auf.

Bei den Landstreichern waren auch Herpfer, die den Räubern Beihilfe geleistet hatten. Sie wurden von diesen mit Messerstichen traktiert und konnten aus vielen Wunden blutend ihr Dorf gerade noch erreichen. Seit dieser Zeit ist es am Standort der Wahniser Buche nicht geheuer.

35.

Die weiße Jungfer im Strass- oder Jungfernbrunnen

Auf dem Weg von Herpf nach Seeba liegt dicht an der Straße ein Brunnen, der Strass- oder seltener auch Jungfernbrunnen genannt wird. Darin wohnt eine weiße Jungfer. Man erzählt sich, dass vor vielen Jahren diese Jungfer oft die Spinnstube in der oberen Mühle besuchte. Sie war gegenüber den Anwesenden sehr freundlich, ohne jedoch ein Wörtchen zu sprechen. Wenn die Uhr zehn schlug, so erhob sie sich von ihrem Sitz und verließ das Haus.

Eines Abends wurde sie aber aufgehalten, sodass sie die Zeit überschritt. Da wurde sie traurig und schied mit wehmütigem Blick von der heiteren Gesellschaft. Einige junge Burschen bewegte ihre leidvolle Stimmung. Sie gingen ihr nach und sahen, wie sie im Strassbrunnen verschwand. Als sie näher herantraten, sahen sie zu ihrem Schrecken, dass in dem Brunnen auf einmal Blut statt Wasser floss. Seit jenem Abend wurde die Jungfer nicht mehr gesehen.

An dem Strassbrunnen fährt auch schon seit langer Zeit kein Zöllwagen, also kein Wagen mit der Hochzeitsausstattung einer jungen Frau, mehr vorüber, seit einige, die es dennoch gewagt hatten, aus der Tiefe des Brunnens die Worte rufen hörten: „Heut' am Altar, übers Jahr auf der Totenbahr!“ – Denn dies traf jedes Mal zu.

Der Strass- oder Jungfernbrunnen nahe Seeba.

WELKERSHAUSEN

Hinter Meiningen hat sich die Werra ein breites Tal gegraben, dessen Wände sich teilweise sanft, teilweise steil erheben. Rechts steigen sie zu den Vorbergen des Thüringer Waldes, links zu der hügeligen Terrasse an, die der Rhön vorgelagert ist. Der erste Ort, den wir flussabwärts erreichen, ist Welkershausen. Nördlich von Welkershausen erheben sich die 436 Meter hohen, unter Naturschutz stehenden Spitzberge, die mancherlei botanische Seltenheiten bieten. Auf diesem Berg stand im Mittelalter eine Burg, die 1343 zerstört wurde, und von diesem Berg berichten die beiden nachfolgenden Sagen.

36.

Das Eschloch

Im Muschelkalk des Eschberges, wie ein Teil der Spitzberge genannt wird, hat sich oben am Plateau ein tiefer Trichter gebildet: das Eschloch.

Während man im Dorf Welkershausen vor langer Zeit das Sommersonnenwendfest feierte, weidete droben am Eschberg ein junger Hirte seine Schafe. Da war es ihm, als tönte vom Eschloch her eine liebliche Weise zwischen dem Herdengeläute. Er spitzte die Ohren – und richtig –, es war so. Er machte sich auf den Weg zum Eschloch.

Als er an der bekannten Stelle ankam, erblickte er zu seinem großen Erstaunen ein prächtiges Schlösschen, aus dem die wunderbare Weise kam. Eine Weile lauschte der Schäfer nach den lieblichen Tönen, dann konnte er nicht mehr länger warten. Er trat durch das offene Tor und befand sich bald in einem kostbaren Zimmer. Die Stimme lockte ihn weiter und weiter, bis er im letzten der Gemächer angelangt war und vor der auf einem kostbaren Lager ruhenden Sängerin stand. So etwas Schönes hatte er in seinem Leben noch nicht gesehen.

Dann begann sie zu reden und sagte ihm, dass sie ihn schon lange kenne und er, wenn er wolle und den Mut dazu habe, sie beide glücklich machen könne. Der Schäfer brachte vor Erregung kein Wort hervor, sondern nickte nur immer freudig zustimmend. Die junge Frau bat ihn nun, sie am nächsten Johannistag wieder hier aufzusuchen, wo sie ihm jedoch nicht in ihrer jetzigen wahren Gestalt, sondern als ein abschreckendes Ungeheuer erscheinen würde. Wichtig sei, dass er sich nicht fürchte. Er solle sie trotz ihrer Gestalt eines Tieres herzlich umarmen und auf die Stirn küssen, und dies drei Johannistage nacheinander wiederholen. Erst dann – so lautete ihre Botschaft – würde sie erlöst und beide würden die glücklichsten Menschen unter der Sonne sein.

Der Schäfer war außer sich vor Freude, wurde sich aber auch der Schwere der ihm auferlegten Prüfung bewusst. Er hielt aber Wort und war willens, durch seine innere Stärke ihrer beider Glück zu erreichen. Am ersten Johannistag küsste er eine Schlange, am nächsten ein blutgieriges Raubtier und empfing aus der Tiefe des Eschlochs beide Male aufrichtige Dankesworte der schönen Jungfrau. Mit verstärktem Mut schritt der junge Schäfer im Jahr darauf zur dritten und letzten Prüfung auf den Berg. Diesmal erfasste ihn aber beim Anblick eines gräulichen, Feuer speienden Lindwurmes solches

Das Eschloch bei Welkershausen.

Entsetzen, dass er sowohl die liebenswerte Jungfrau als auch ihre Worte vergaß und Hals über Kopf aus dem Schloss rannte. Das verzauberte Schloss sank krachend in die Tiefe, aus der der Schäfer jetzt keine Dankesworte sondern das herzergreifende Wimmern der Jungfrau vernahm.

Seit dieser Zeit war die Seele des Schäfers krank, er hatte sein Leben verwirkt. Als sie im Dorf das nächste Sommersonnenwendfest feierten, da lebte er nicht mehr. Man fand ihn am Eschloch, um seine Schläfe war ein Kranz von blauem Enzian gewunden. Als sie ihn zu Grabe trugen, da umflatterte ein bunt gefiedertes Vöglein, das wunderbare Weisen sang, den Sarg.

37.

Von den Spitzbergen

Auf den Spitzbergen unterhalb von Welkershausen weidete ein anderer Schäfer die Herde seines gestrengen Herrn. Da kam ein schweres Gewitter auf. Sturm und Regen, Blitz und Donner jagten alle Schafe auseinander. Der herbeigeeilte Herr stürzte zornig auf den Schäfer los, beschimpfte ihn arg wegen seiner Unachtsamkeit. Obwohl der junge Hirte seine Unschuld beteuerte, ging der jähzornige Herr auf ihn los und erdrosselte ihn auf der Stelle. Im Sterben verfluchte der Schäfer den dortigen Hutstrich und seitdem will an den Spitzbergen nichts mehr gedeihen.

WALLDORF

An der Mündung des Flüsschens Herpf in die Werra liegt auf dem linken Flussufer, teils im Tal, teils auf einem Felsvorsprung aus Sandstein der Ort Walldorf. Er wurde als Walachdorf 982 erstmals urkundlich erwähnt. Der Name hat nichts mit Wällen oder Wallfahren zu tun, sondern leitet sich vom Wallbach, einem Waldbach ab, der hier der Werra von Nordosten her zufließt.

Walldorf gewann Bedeutung durch seine Lage an der Hohen Straß', die von Frankfurt kommend durch das Herpftal führte, die Werra überquerte, am jenseitigen Ufer die Berge erklomm und nach Schmalkalden führte. Der kleine Werraort hat zwei Sehenswürdigkeiten, die alljährlich viele Fremde anlocken. Die eine ist die Kirchenburg – die wohl besterhaltene des Werratals. Die zweite finden wir am südwestlichen Ortsausgang: die Walldorfer Sandhöhle – ein Zeugnis jahrhundertelanger, mühevoller Arbeit der Einwohner.

38.
Vom Kroatenglöckchen zu Walldorf

Als sich die gefürchteten Kroaten im Dreißigjährigen Krieg dem Dorf näherten, begann das Glöckchen, das an der südöstlichen Seite des Walldorfer Kirchturms hing, obgleich es keinen Klöppel mehr hatte, heftig zu läuten. Durch dieses Wunder wurde

Am Walldorfer Kirchturm hing einst das wundersame Kroatenglöckchen.

Früher war Walldorf von einer starken, hohen Ringmauer eingefasst, von der heute nur noch Reste erhalten sind.

die Gemeinde gewarnt und hatte gerade noch Zeit, sich mit einigen Habseligkeiten vor der heranstürmenden Rotte zu retten, worauf die Kroaten den Ort ausplünderten und bis auf den Kirchturm niederbrannten.

Das Glöckchen, das im Jahre 1821 umgegossen wurde, trägt den Reimspruch: „Unverstand schlug mich entzwei und Jakob Bittorf goss mich neu".

39.

Das steinerne Kreuz an der Brücke

Nur wenige Schritte oberhalb der Walldorfer Brücke stand am rechten Ufer der Werra einst ein etwa zwei Fuß hohes, steinernes Kreuz. Die Walldorfer erzählen sich, dass im Dreißigjährigen Krieg, als der kaiserliche General Aldringer mit seinem raubenden, sengenden Kriegsvolk die Walldorfer Brücke passierte, hier einer der Offiziere samt dem Pferd ertrank. Daraufhin setzten ihm die Seinigen jenes Kreuz.

Auch der Name eines Walldorfer Weges erinnert an Aldringer. Der General schlug damals auf dem Weg nach Schmalkalden einen Feldweg ein, der aufwärts entlang der sogenannten Hochstraße verlief. In dieser Zeit wurde der Weg Aldringer Straß' genannt.

Die alte Kirchenburg in Walldorf mit dem Rundbogentor als Zugang.

40.

Der Umgänger im Weingartental

In der Nähe von Walldorf liegt zur Werra hin das sogenannte Weingartental. Hier geht einer um, der Gottbehüt genannt wird. Wie kam es dazu?

Als er am Tag seiner Hochzeit mit seiner jungen Frau vom Altar kam, setzte sich Gottbehüt mit ihr in einen Wagen mit schmucken Rössern und fuhr toll drauflos. Die junge, geängstigte Frau bat flehentlich, von diesem gefahrvollen Treiben abzulassen. Er aber lachte nur und trieb die Pferde noch mehr an. So nahm das Unglück seinen Lauf.

Als das Pferdegespann mit der geschmückten Hochzeitskutsche am Weingartental nahe der Werra anlangte, stürzte der Wagen in rasender Fahrt in den Fluss und Pferde wie Insassen ertranken. Der übermütige Bräutigam und Fuhrmann Gottbehüt soll bis heute noch keine Ruhe im Grab gefunden haben.

WASUNGEN

An der Mündung der Katz in die Werra liegt in 267 Meter Höhe und von Bergen umgeben die Stadt Wasungen. Sie beeindruckt Besucher mit einer stattlichen Anzahl schöner alter Bauwerke, vor allem mit malerischen Häusern im Althenneberger Stil.

Seit dem 14. Jahrhundert wird in Wasungen die Tradition des Karnevalstreibens gepflegt. Neben einer Vielzahl verschiedenartiger sagenhafter Überlieferungen haben sich die Legenden dieser Gegend auch dieser Eigenheit der Stadt angenommen. Deshalb sollen hier einige Kostproben der sprichwörtlichen „Wasunger Streiche" gegeben werden, die in der ganzen Umgebung zum Inbegriff des eulenspiegelhaften Denkens und Handelns geworden sind.

41.
Wasunger Eulenspiegeleien

Die Wasunger, die alles anders machen wollten als andere, banden bei der Heueinfuhr den Heubaum quer auf den Wagen, kamen damit aber nicht durch das Stadttor. Als sie berieten, was da zu machen sei, kam eine Schwalbe geflogen, die hatte einen langen Strohhalm im Schnabel, den sie der Länge nach durch das Tor brachte. Da ging den Wasungern ein Licht auf, sie banden ihren Heubaum der Länge nach auf den Wagen und passierten ungehindert das Tor.

Das historische Rathaus von Wasungen ist eines der ältesten und schönsten Fachwerkhäuser der Gegend.

Der 42 Meter hohe Bergfried gehört zur sogenannten Oberburg der Feste in Wasungen.

Auf einem Hügel oberhalb der Stadt stand der Galgen. Als eines Tages ein fremder Dieb festgenommen wurde, der gehängt werden sollte, erhob der Rat Einspruch gegen die Benutzung des Galgens. Dieser – so die Begründung – sei nur für Bürger ihrer Stadt errichtet worden. Da man nicht wusste, was man mit dem Delinquenten anfangen sollte, schenkte man ihm Geld und verwies ihn der Stadt. Man verlangte von ihm, die Stadt umgehend zu verlassen und sich anderswo hängen zu lassen.

Als eines Tages in Wasungen die Leiche eines Mannes angespült wurde, der in Walldorf in die Werra gefallen war, verweigerten die Wasunger das Begräbnis, weil der Tote nach Walldorf gehöre. Die Walldorfer aber wollten nichts damit zu tun haben, weil er in Wasungen gefunden worden sei. Das Gericht entschied für die Zuständigkeit Wasungens. Bevor sich jedoch der Rat bequemte, die Kosten der Beisetzung zu übernehmen, ließ man sich erst von den Walldorfern bescheinigen, dass diese jeden Wasunger begraben müssten, der in Wasungen in die Werra fallen und in Walldorf ans Ufer gespült werden würde. Dies ist allerdings bis heute nicht vorgekommen, da Ertrunkene nicht stromaufwärts schwimmen.

Einst kam durch Wasungen ein Fuhrmann, der Kürbisse geladen hatte. Den neugierigen Leuten, die solche noch nicht gesehen hatten, erklärte der Schelm, es seien arabische Eselseier. Da Esel in Wasungen gebraucht wurden, kaufte der Rat ein paar davon, ließ am Berg ein großes Nest anlegen, auf dem sich die Wasunger Frauen, nach Rang und Stand geordnet – zuerst die Frau Bürgermeisterin –, zum Ausbrüten niederlassen mussten. Eines Tages rollte ein Kürbis aus dem Nest den Berg hinab und erschreckte einen auf dem Feld sitzenden Hasen so, dass er eiligst davonlief. Vergebens versuchten die Wasunger, das flüchtige Tier, das sie für ein Eseljunges hielten, einzufangen.

42.
Die weiße Jungfer auf der Maienluft

In den Ruinen des dicht über Wasungen gelegenen, 1444 von Graf Heinrich dem Ungezogenen von Ostheim zerstörten Hennenberg'schen Grafenschlosses, der Maienluft, lässt sich alle sieben Jahre eine weiße Jungfer sehen.

Obwohl sie noch nie jemandem etwas zuleide getan hat, wird sie von allen gehasst. Einst sah sie ein auf Schloss Maienluft wohnender Bauer aus Wahns. Da er aber mit diesem unheimlichen Geist nichts zu tun haben wollte und sich abwandte, verschwand die weiße Jungfer wieder, wobei sie drei tiefe Seufzer vernehmen ließ.

Eine Bäuerin, die ebenfalls auf dem Schloss lebte und mit einer Familie in Wasungen verkehrte, erzählte dieser folgendes: „Ich saß mittags an der Türschwelle und schälte Kartoffeln zu der Suppe für das vom Feld heimkehrende Gesinde. Als ich so beschäftigt war und an nichts anderes dachte, hörte ich auf einmal ein Rauschen hinter mir. Ich drehte mich um und sah eine ganz weiß gekleidete Jungfer auf mich zukom-

Die Reste der mittelalterlichen Burg Maienluft.

men. Sie blieb dicht vor mir stehen, nahm den goldenen Schlüsselbund von ihrer Seite, reichte ihn mir und sah mich schweigend mit bittenden Augen an. Da sie von so schönem und edlem Wesen war und dabei aber so traurig und jammervoll aussah, hatte ich keine Furcht vor ihr. Dennoch überlegte ich, ob ich ihr den Schlüsselbund abnehmen sollte. In dem Augenblick, als ich gerade zugreifen wollte, kam Kaspar, ein junger Knecht, zur Tür herein. Als er die weiße Jungfer sah, erhob er die Faust und rief aus: ‚Verfluchte Hexe, bist du auch wieder da!' Daraufhin war die Jungfer sofort verschwunden."

SCHMALKALDEN

Wo die Flusstäler der Schmalkalde und der Stille zusammenstoßen und einen Talkessel bilden, der sich zur Werra hin fortsetzt, liegt in 300 bis 350 Meter Höhe Schmalkalden. Die Stadt ist umgeben von Bergen, die nach Osten zum Gebirge ansteigen und sich nach Westen hin verflachen. Schmalkalden ist keine unmittelbare Werrastadt, aber die historische Konventstadt mit ihren sehenswerten mittelalterlichen Bauten und Erinnerungen an die Reformation ist eine der schönsten alten Städte am Thüringer Wald.

Schmalkalden kann auf eine lange Tradition zurückblicken und war im 16. Jahrhundert wie wohl keine andere Stadt in Thüringen Schauplatz welthistorischer Ereignisse. Da versteht es sich von selbst, dass auch aus Schmalkalden Sagenhaftes überliefert ist.

43.

Von der goldenen Krone

In Schmalkalden war einer, der in seinem Leben einfach kein Glück hatte. Da hörte er von dem Otternkönig, der sich jeden Mittag unweit von Schmalkalden in einem Born bade und dabei jedes Mal seine goldene Krone ablege. Wenn jemand diese Angewohnheit ausnutze und an dieser Stelle ein weißes Tüchlein ausbreite, so würde der Otternkönig seine goldene Krone gewiss darauflegen. Wer dann flink sei, der könne

Schloss Wilhelmsburg in Schmalkalden.

Der Gasthof „Zur goldenen Krone“ auf dem Schmalkalder Altmarkt, um 1900.

sie mit dem Tuch entwenden. Er müsse dann aber schnellstens flüchten, um nicht von den Ottern aufgefressen zu werden. Wer es schaffe, das Krönlein in seinen Besitz zu bringen, der sei für immer ein gemachter Mann.

Das nahm sich der Schmalkalder zu Herzen, verschaffte sich ein schnelles Pferd, ritt zum Brunnen und tat alles so, wie ihm gesagt worden war. Der Otternkönig kam, legte seine Krone auf das Tuch und ging baden. Der Schmalkalder war sehr hurtig und machte sich mit dem Schatz auf und davon. Bald darauf hörte er einen grellen Pfiff und sah sogleich von allen Seiten wilde Otter auf sich zustürzen. Der Kronenräuber aber war schneller, erreichte glücklich die Stadt und wurde ein reicher Mann. Jeden Tag konnte er von der Krone so viel Gold abschaben, wie er benötigte. Schließlich baute er sich einen großen Gasthof und hing zum Zeichen eine goldene Krone über den Hauseingang.

44.
Der unterirdische Gang

Von der Wallenburg erzählt die Sage, dass sie durch einen unterirdischen Gang mit der zwei Stunden von ihr entfernt liegenden Stadt Schmalkalden, und zwar mit dem dortigen Schmiedhof, in Verbindung gestanden habe. Einstmals wurde die Wallenburg von Feinden belagert. Da diese bald einsahen, dass hier weder mit stürmender Hand noch durch List etwas auszurichten war, beschlossen sie, die Burg auszuhungern. Aber auch dies schlug fehl, denn die Belagerten blieben immer guter Dinge. Da machte endlich der Feind dem Wallenburger den Vorschlag, dass er ruhig abziehen werde, wenn er

Der Wallenburger Turm bei Trusetal stammt aus dem 13. Jahrhundert und ist das letzte Überbleibsel der im Dreißigjährigen Krieg fast völlig zerstörten Wallenburg. Der Turm bietet einen wunderschönen Panoramablick über das Werratal bis hin zur Vorderen Rhön.

von ihm am anderen Morgen drei frisch gebackene Wecken aus der Burg ausgehändigt bekäme. Sollte er diese nicht bekommen, so bitte er sich freien Einzug in die Burg aus. Der Wallenburger ging auf den Vorschlag ein, verschaffte sich während der Nacht durch den unterirdischen Gang aus Schmalkalden die verlangten drei Wecken, übersandte sie seinem Feind und zwang ihn so nach dem Vertrag zum Abzug.

45.
Das versunkene Dorf im Ebertsgrund

Wenn man sich von Schmalkalden durch die malerische Felsenpforte gleich hinter Asbach in Richtung Steinbach und Hallenbach begibt, kommt man zu einem hügeligen Wiesengrund. In diesem Grund lag vor langer Zeit eine Ortschaft namens Ebertsdorf. Die Bewohner dieses Dorfes waren sehr reich, da sie über beträchtliche Vorkommen verschiedener Erze wie Eisen, Kobalt und Kupfer verfügten. Aber der Abbau dieser Erze machte die Leute der Sage nach nicht nur reich, sondern auch übermütig und gottlos, sodass sie ganz und gar vergaßen, wer sie damit gesegnet hatte.

Aber Hochmut kommt vor dem Fall, und so erging es auch den Ebertsdörflern. Der Herr ließ sie fallen und zugrunde gehen: Es war an einem Sonntag, als eine fromme Magd aus Springstille, die in Ebertsdorf dem reichsten Bauern diente, ihre Herrschaft

Der Zugang zum Schmiedhof, dem ehemaligen Zentrum der Schmalkalder Stahlschmiedewerkstätten.

um Urlaub bat. Sie wollte mit ihrer Familie zum Heiligen Abendmahl, was ihr auch unter Hohn und Spott zugestanden wurde. Kaum hatte sie aber den Stillergrund erreicht, da tat sich über Ebertsdorf eine unheimliche Schwüle und Stille auf. Plötzlich wurde es dunkel und immer dunkler und es begann ein furchtbarer Sturm. Die Erde begann zu beben, die Häuser sanken tiefer und tiefer, bis sich der Boden über ihnen wölbte.

Als die Magd am anderen Abend von Springstille zurückkam und von der Höhe das Tal überblickte, war alles verschwunden. Nur die Spitze des Kirchturmes ragte noch aus dem größten der vielen Hügel heraus. Entsetzt eilte die Magd zurück und verkündete in ihrem Dorf die Schreckensbotschaft. Niemand wollte ihr Glauben schenken, bis sich endlich einige zum Ebertsgrund aufmachten und das schlimme Ereignis mit eigenen Augen sahen. Nun zogen alle Springstiller über den Berg an den Ort, über den das Gericht gekommen war. Auch die Kirche, samt der Turmspitze war jetzt in der Tiefe verschwunden.

Noch lange Jahre danach wollen Leute aus dieser Gegend, wenn sie das Ohr auf den Boden legten, das Krähen der Hähne in dem versunkenen Dorf vernommen haben.

BREITUNGEN

Eingebettet in Wiesen und Ackerfluren zieht sich das Dorf Breitungen an beiden Ufern der Werra hin. Es ist ein dreiteiliger Ort. In Terrassen steigt das lang gestreckte Herrenbreitungen – überragt von den Schlossbauten – am rechten Talrand empor. Flach ausgebreitet liegt Frauenbreitungen in der weiten, vom Fluss geebneten Mulde. Flussabwärts liegt am rechten Ufer der älteste Ortsteil Altenbreitungen. Breitungen zählt zu den ältesten Orten der Gegend und seine sehr interessante Geschichte ist recht symptomatisch für die historische Entwicklung des ganzen mittleren Werratals.

46.

Der Glittstein in Frauenbreitungen

Vor langer, langer Zeit war unweit von Frauenbreitungen, auf der etwa zwei Stunden entfernten Pleßkuppe, ein mächtig großer, schwarzer und glatter Basaltblock vom Himmel gefallen. Die Breitunger wollten diesen riesigen Stein gern in ihrem Ort haben, aber er war zu schwer. Da tat sich eines Tages eine Lösung auf. Ein Leineweber, der wegen eines begangenen Verbrechens in Breitungen einsaß, bot sich an, diesen Stein in seiner Schürze von der Pleßkuppe bis vor die Kirche in Frauenbreitungen zu tragen. Das wurde angenommen.

Der Glittstein in unmittelbarer Nähe der Marienkirche in Frauenbreitungen.

Als der Leineweber das Ziel fast erreicht hatte, glitt dem erschöpften Weber der Stein auf Höhe des Marktes aus der Schürze und fiel zu Boden. Alle seine Bemühungen, den Stein noch bis zur kaum zweihundert Schritte entfernten Kirche zu bringen, waren vergebens. So liegt er noch immer auf dem Marktplatz in unmittelbarer Nähe des Forsthauses – und ist ein Wahrzeichen von Frauenbreitungen geworden. Gleichwohl wurde der Leineweber von seinem Vergehen freigesprochen.

47.

Die drei Mönche zu Frauenbreitungen

Ein Mönch im Kloster zu Frauenbreitungen war gestorben. Der Sitte entsprechend stellte man zwei seiner Brüder zum Wachen und Beten an die Seite des Toten. Unglücklicherweise waren gerade zwei der ärgsten Zecher mit dem Dienst betraut, die es lieber mit dem Weinkrug als mit dem Gebetsbuch hielten.

Als im Kloster Ruhe eingekehrt war und alle schliefen, sagte der eine Mönch zum anderen, er möge in den Keller gehen und einen Krug Wein heraufholen, das Beten wolle er unterdessen für ihn besorgen. Das ließ sich der andere nicht zweimal sagen und stieg schnell hinab in den Keller. Inzwischen nahm der Zurückgebliebene das linnene Laken von dem Toten, hob diesen aus dem Sarg, setzte ihn statt seiner auf die Bank, schlüpfte hierauf selbst in den Sarg und zog das Tuch über den Kopf. Kaum war er damit fertig, trat sein Kamerad mit dem vollen Krug ein. Da sah er zu seinem Schrecken den Toten sich im Sarg bewegen. In seiner Angst flüchtete er sich zu dem auf der Bank. Der aber war kalt und steif. In dem Augenblick erhob sich der andere und stieg aus dem Sarg. Vor Entsetzen ließ der Mönch den Krug fallen und stürzte zu Boden. Der Kamerad wollte ihm nun beistehen, brach aber im selben Augenblick selbst zusammen. Der Tote auf der Bank aber schlug die Augen auf, erhob sich, öffnete die Tür und rief um Hilfe. Der den Wein geholt hatte, kam nach und nach wieder zu sich. Den Schelm unter den drei Mönchen aber hatte das Strafgericht ereilt. Er war und blieb tot. Doch jener, der zuerst im Sarg lag, soll noch lange gelebt haben.

48.

Die beiden Herrenbreitunger Mönche und die Frauenbreitunger Nonne

In der ersten Zeit des ehemaligen Klosters zu Königsbreitungen, das wir heute als Frauenbreitungen kennen, lebten Augustinermönche und -nonnen so einig unter einem Dach, dass sie getrennt werden mussten. So wurden die Mönche in das gegenüberliegende Kloster zu Herrenbreitungen gebracht. Daraufhin sollen sie sich einen gewölbten Gang unter der die beiden Orte scheidenden Werra gegraben und so den Zweck der Trennung vereitelt haben.

Das Renaissanceschloss der Henneberger und die romanische Klosterbasilika sind die Wahrzeichen von Breitungen.

Da soll es vorgekommen sein, dass sich zwei Mönche in dieselbe Nonne verliebten, die Nonne aber den einen zurückwies und mit dem anderen die Flucht verabredete. Als jedoch der Zurückgewiesene von dem Vorhaben erfuhr und gerade zu jener Zeit in einer kleinen Kapelle außerhalb des Orts im Abtswald die Messe zu lesen hatte, stellte er sich in den Hinterhalt und erstach die beiden dort mit einem langen Messer.

Weil die beiden Liebenden ohne Beichte und Absolution aus dem Leben geschieden sind, müssen sie bis auf den heutigen Tag umgehen, ohne aber zueinander gelangen zu können. Doch auch der Mörder kann keine Ruhe im Grab finden.

BAD LIEBENSTEIN

Durch welliges Wiesen- und Ackerland führt die Straße von Breitungen in östlicher Richtung nach Bad Liebenstein, dem bekannten Herzbad, wo Heilung suchende Menschen inmitten schöner Wälder und Täler die reine Luft, das milde Mittelgebirgsklima und die Heilkraft der Mineral- und Kohlensäurequellen genießen. Etwas abseits der Werra liegt der Ort 350 bis 450 Meter hoch am Südwesthang des Thüringer Waldes, in einer Bucht zwischen dem Aschenberg und dem Schlossberg, zwischen dem Wiesengrund des Grumbachs und dem Thüringer Tal.

Bad Liebenstein ging aus zwei Kleinsiedlungen hervor, dem von Thüringer Bauern im 14. Jahrhundert gegründeten Grumbach und dem um 1590 nordöstlich davon entstandenen, nach einer vorhandenen Quelle benannten Suirborn (Sauerborn). 1801 vereinten sich diese beiden Siedlungen zur Gemeinde Liebenstein. So hieß auch die Burg, die sich seit alten Zeiten über dem Ort erhob. Wie bei allen Burgruinen hat die Volkspoesie auch um diese ehemalige Feudalburg der Herren von Stein einen Kranz von Sagen geflochten.

49.

Das eingemauerte Kind

Als droben auf dem Burgberg, an dessen Fuß Bad Liebenstein liegt, das alte Schloss erbaut wurde, herrschte noch jener schaurige Aberglaube, eine Feste könne durch ein lebendig eingemauertes Kind unüberwindlich gemacht werden. Der Ritter, der diese

Die Burgruine Liebenstein – ehemalige Feudalburg der Herren von Stein.

Burg gründete, war diesem Aberglauben verfallen. Er kaufte von einer Landstreicherin deren kleine Tochter und befahl, das Kind lebendig in die Burg einzumauern.

Als jedoch der Meister die äußere Mauer des kleinen Grabes bis an die Schulter des Kindes aufgerichtet hatte und das Mädchen daraufhin in bittendem Ton zu ihm sprach: „Ach Mann, lass mir doch nur ein kleines Löchlein zum Gucken", da erbebte ihm das Herz.

Er schleuderte Hammer und Kelle weit von sich und erklärte dem Bauherrn, keinen Schlag mehr an diesem Werk tun zu wollen. Zornig befahl der Ritter dem Gesellen, die Arbeit zu vollenden, doch auch dieser warf erschüttert das Werkzeug beiseite. Nun kam die Reihe an den Lehrjungen, einen rüden, herzlosen Burschen. Der ließ sich durch die Bitte des Kindes nicht rühren. Und wie die Mauer höher und höher wurde, trat das Kind auf die Zehenspitzen und sagte: „Mutter, jetzt seh' ich dich bald nicht mehr."

Als der Junge den letzten Stein einsetzte, da hörte man die Stimme des Kindes nur noch dumpf: „Mutter, nun seh' ich dich gar nicht mehr."

Das schauerliche Werk war vollendet und der Lehrjunge erhielt vom Bauherrn reichen Lohn. Wenige Tage darauf spülte jedoch die Werra die Leiche des herzlosen Burschen ans Ufer.

Die Landstreicherin suchte durch einen Sprung in die Tiefe den Tod, aber ihr Geist irrt noch immer durch die Ruine und lauscht dem Gewimmer des Kindes und sie versucht, ihre kleine Tochter mit den Fingernägeln aus der Mauer zu graben.

Ein Blick in das Innere der Burgruine Liebenstein.

50.

Das Mädchen und die weiße Frau

Lange bevor der Ort unter dem Namen Bad Liebenstein bekannt wurde, träumte ein junges Bauernmädchen davon, oben bei dem alten Schloss Blumen zu pflücken und dabei in dem alten Gemäuer eine feine, aber traurige Musik zu hören. Als sie ihren Blick nach oben richtete, da konnte sie an einem der Fenster eine weiße Frau sehen, die ihr freundlich zuwinkte und ihr zu verstehen gab, näher zu treten. Diesen Traum erzählte das Mädchen am anderen Morgen ihrem Vater und der sprach: „Höre, wenn dir dort oben wirklich etwas beschieden sein soll, so musst du drei Nächte hintereinander denselben Traum haben."

Da es sich so ereignete, ging Vater Heller, so hieß der Bauer, am dritten Tag mit seiner Tochter hinauf zur Burg. Er versteckte sich dort im Dickicht, sodass er nicht gesehen wurde, seine Tochter aber gut beobachten konnte.

Es kam alles so, wie es das Mädchen im Traum erlebt hatte. Die weiße Frau kam aus der Burg auf sie zu, hieß sie willkommen und teilte dem Mädchen ihr Anliegen mit: Als eine der ehemaligen Burgfrauen habe sie in ihrem Leben viel Böses getan und vor allem die Armen schlecht behandelt. Sie würde deshalb im Grab keine Ruhe finden. Das Mädchen aber könne ihr Seelenfrieden verschaffen, wenn sie an drei Sonntagen hintereinander in Barchfeld, Schweina und Steinbach Messen für sie lesen ließe und zugleich Brot und Korn an die Armen verteile. Sie würde dafür reichen Lohn empfangen. In einem Kranz junger Buchen – so sprach die weiße Frau weiter – sei ein Schatz von Gold und Edelsteinen verborgen, den sie nach vollbrachter Tat zu heben vermöge. Hierauf zog sich die weiße Frau wieder in die Burg zurück. Das Mädchen aber eilte zu ihrem Vater, um ihm alles zu erzählen. Dieser sagte: „Der liebe Gott hat uns reichlich gesegnet und deshalb sollst du auch tun, was dir die Burgfrau geheißen."

Und so geschah es, dass das junge Bauernmädchen die Burgfrau von ihren Seelenqualen erlöste. An den zu hebenden Schatz dachte es indes nicht weiter.

Als einige Zeit später das nun schon zur Jungfrau gereifte Mädchen mit ihrer Freundin wieder einmal auf dem Burgberg in der Nähe der jungen Buchen weilte, da ertönte erneut die liebliche Musik aus ihrem früheren Traum, nur dass sie diesmal viel heiterer klang. Als sie sich wieder zum Gehen wandte, da flüsterte es ihr leise zu: „Hab tausendmal Dank und vergiss nicht den Schatz in dem Kranze der jungen Buchen."

Das Mädchen wollte aber von solchem Schatz gar nichts mehr wissen, sondern wandte ihr liebendes Herz nunmehr einem anderen Schatz zu.

Viele Jahre später saß eben dieses Mädchen als altes, schwaches Mütterchen mit ihrem einzigen noch übrigen kleinen Enkel verarmt und vom Hunger gepeinigt in ihrer Hütte. Da dachte sie wieder an den Schatz dort oben am alten Schloss, der ihrer großen Not auf einmal ein Ende machen könnte. Sie nahm daher eine Hacke und schlich, mit dem Kleinen an der Hand, mühsam den Berg hinauf. Doch oben angekommen vermochte sie vor Schwäche den Schatz nicht aus der Tiefe der Erde zu holen. Und so ruht er im Kranze der Buchen weiter als Eigentum ihrer Nachkommen.

BAD SALZUNGEN

In einem Talkessel, zwischen den Ausläufern des Thüringer Waldes im Nordosten und den bewaldeten Vorbergen der Rhön im Südwesten, liegt die alte Salz- und Salinenstadt Bad Salzungen. Vielen an Erkrankungen der Atemwege leidenden Patienten ist sie als Solbad bekannt. Die Entstehung, Entwicklung und der Name der Stadt gehen auf die Salzquellen zurück, die schon früh entdeckt wurden. Die erste sichere Nachricht über Salzungen und seine Quellen stammt aus dem Jahre 775. Am 5. Januar 775 schenkte Karl der Große dem Kloster Hersfeld den „Zehnten" seiner „villa Salsunga". Im Zusammenhang mit dieser Schenkung ist zum ersten Mal in der Geschichte von Salzgewinnung und Salzsiederei die Rede.

Die eigentliche Sehenswürdigkeit der Stadt, ihr Wahrzeichen und eine Stätte der Erholung für Einheimische und Fremde ist der zehn Hektar große und 27 Meter tiefe See am Kurhaus, Burgsee genannt. Wie die besonders umfangreiche Salzunger Sagensammlung zeigt, waren besonders der Burg- und der Buchensee von sagenhaftem Zauber umgeben.

51.

Das gläserne Schloss des Nix

In der Tiefe des Burgsees steht das gläserne Schloss eines Nix oder Wassermannes. Der war in seiner Jugend ein stattlicher und hübscher Bursche gewesen, den die Mädchen auf dem Tanzboden wohl leiden mochten. Damals verliebte er sich so sehr in eines der jungen Fräuleins, dass das Feuer der Liebe selbst mit dem ganzen Salzunger See nicht hätte gelöscht werden können.

Der Burgsee von Bad Salzungen – Wahrzeichen der Stadt und Stätte der Erholung.

Die Angebetete des Wassermanns war eine Magd. Sie holte jeden Tag vom Markt frisches Brot für ihre Herrschaft. Das hatte der Nix bald herausgefunden und es verging kein Tag, da er nicht auf dem Markt erschien und seiner Liebsten zulächelte. Doch davon wurde sein Liebesverlangen nicht gestillt. Deshalb vertrat er der Magd eines Morgens den Weg und bat sie um ein paar Worte unter vier Augen am Seeufer.

Die Jungfer wich höflich aus und erzählte zu Hause ihrer Herrschaft, was vorgefallen war. Man bedachte, es könne des Mädchens Glück sein, wenn sie dem Anerbieten folge und empfahl ihr, die Werbung nicht auszuschlagen. Am dritten Morgen danach bat der Nix nicht mehr vergebens. Ihm zur Seite ging seine Geliebte mit hinüber zum See. Dort ergriff er unvermittelt ihre Hand und verschwand mir ihr in den Fluten. Keine Seele hatte es bemerkt und so erfuhr auch niemand, wohin die Magd entschwunden war. Im gläsernen Schloss wurde sie seine Frau.

Sie war sehr glücklich, bekam aber eines Tages Sehnsucht nach ihren Angehörigen. Sie ließ ihren kleinen Bruder, als er im See badete, zu sich herunterholen und erzählte ihm, wie es ihr ergangen war. Nach einer Stunde glücklichen Zusammenseins versetzte sie ihn in tiefen Schlaf und ließ ihn wieder nach oben bringen. Als er erwachte, fand er sich reich beschenkt, gesund und munter am Ufer liegend wieder.

52.
Das silberne Glöckchen

Einst wurde Salzungen das Silberstädtchen genannt. Zu jener Zeit kam der Rat eines Tages zusammen, um über eine hochwichtige Angelegenheit zu beraten und sie zu beschließen. Es nahte nämlich Kriegsvolk, sodass auch das silberne Glöckchen, das über dem Rathaus hing, bedroht war. Der Rat wollte nun darüber befinden, wie es räuberischem Zugriff am besten entzogen werden könnte.

Der Zufall wollte es, dass gerade zu Beginn der Sitzung der Torwächter die Ankunft eines gelehrten Mannes meldete. Man beschloss, ihn zur Sache zu hören. Der Fremde überlegte nicht lange und riet, die Glocke im Burgsee zu versenken, um sie vor dem Kriegsvolk zu schützen. Das leuchtete den Ratsherren ein. Als Männer der Tat nahmen sie die Glocke sofort vom Turm, bestiegen den Kahn und fuhren auf den See. Dort versenkten sie den kostbaren Besitz. Als sie wieder ans Ufer zurückgekehrt waren, fiel ihnen ein, dass sie die Stelle, wo die Glocke nun auf dem Grunde des Sees ruhte, gar nicht markiert hatten. Es gab lange Gesichter.

Doch einer der Ratsherren trat lächelnd hervor und sagte, das habe er schon wohl erwogen und deshalb genau da, wo sie die Glocke in den See versenkt hätten, ein Zeichen an den Kahn gemacht. Alle überzeugten sich von der Richtigkeit dieser Worte und waren gegenüber ihrem umsichtigen Mitbürger des Lobes voll. Sie führten ihn ins Rathaus und wählten ihn zum Bürgermeister.

Der gelehrte Fremde hatte inzwischen – nach einem reichen Mahl auf Stadtkosten – seine Reise fortgesetzt. Es soll kein anderer als Till Eulenspiegel gewesen sein.

Das historische Rathaus, über dem einst das silberne Glöckchen gehangen haben soll.

53.
Das verwunschene Schloss im Buchensee

Südöstlich von Bad Salzungen, in unmittelbarer Nähe des Dorfes Wildprechtroda befindet sich inmitten der Felder ein tiefer Kessel. Er hat weder Ab- noch Zufluss und gilt bei den Menschen der Gegend als unergründlich – der Buchensee.

Vor sehr langer Zeit – so beginnt die Sage – stand dort ein prächtiges Schloss. Der alte Schlossherr führte mit seinen drei Fräuleins ein liederliches und sündhaftes Leben. Durch allerlei Teufelskünste lockten sie die schönsten Burschen und Mädchen zu sich und dann war's um sie geschehen. Eines Tages kam ein kleines, graues Männchen in das Schloss. Es bat um Speis', Trank und Herberge. Doch der ungehobelte Hausherr beschimpfte und verhöhnte das Männchen und ließ es von seinen Hunden hetzen. Das empörte den Gast so, dass dieser Haus, Hof und dessen Besitzer verfluchte. Und siehe da: Am anderen Morgen sah man an der Stelle des Schlosses den tiefen Kessel mit seinem unheimlichen Wasser.

Viele Jahre später hatte sich im Ort Wildprechtroda ein neuer Herr angesiedelt. Da kam ein Taucher in das Dorf und badete sich im Buchensee. Am Abend erzählte er im Gasthof, und er hatte viele aufmerksame Zuhörer, dass er in der Tiefe des Sees wunderbare Dinge gesehen habe, er aber einen Eid hätte leisten müssen, keinem Menschen darüber etwas zu sagen. Von diesem Gespräch im Gasthof erfuhr auch der neue Schlossherr. Ihn plagte die Neugier und so ließ er den Taucher zu sich kommen, um ihn auszufragen. Doch der Taucher verwies auf seinen Eid. Der Schlossherr ließ sich nicht beirren und ruhte nicht eher, bis der Taucher doch zu reden begann:

„Ich tauchte, wie in meinem Beruf üblich, bis auf den Grund des Sees. Als ich dort angekommen war, wurde ich, wie durch unsichtbare Arme, immer tiefer und tiefer hinuntergezogen. Da erblickte ich auf einmal ein herrliches Schloss und im gleichen Augenblick trat ein alter Rittersmann mit drei bildschönen Jungfrauen heraus, um mich willkommen zu heißen. Sie führten mich durch alle ihre Gemächer und ich sah Schätze und Reichtümer, wie ich sie noch nie beisammen gesehen habe. Man bot mir auch Wein und köstliche Speisen an, was ich aber alles unberührt stehen ließ, weil ich befürchtete, durch deren Genuss verzaubert zu werden. Mein ganzes Bestreben war darauf gerichtet, schnell und unversehrt wieder nach oben zu kommen. Nachdem ich ihnen versprochen hatte, wieder zu kommen und der Eid geleistet war, Stillschweigen über alles zu bewahren, konnte ich wieder auftauchen."

Der Schlossherr, der durch die Erzählung sehr nachdenklich geworden war, ließ den unbekümmerten Taucher, als er sich zum Weggehen aufmachte, in den Kerker werfen und streng bewachen. Die Kunde von den in der Tiefe des Sees ruhenden Schätzen ließ ihn nicht mehr ruhen. Der Taucher kam ihm wie gerufen. Unter Drohungen befahl ihm der Schlossherr, erneut in den See hinabzusteigen und zu erkunden, wie die Schätze ihren Besitzern entrissen und heraufgebracht werden könnten. So sehr der Taucher sich auch sträubte, es half ihm nichts, er musste abermals hinunter. Er kam nicht wieder an das Tageslicht!

Der Buchensee bei Wildprechtroda.

TIEFENORT

Nur wenige Kilometer von Bad Salzungen entfernt liegt Tiefenort am rechten Ufer der Werra. Dort, unmittelbar hinter dem Ort, setzt einer der interessantesten westlichen Ausläufer des Thüringer Waldes seinen Fuß in das Werratal – der Krayenberg. Sein Gipfel trägt die Reste einer angeblich von den Frankensteinern gegründeten Burg. Urkundlich gab der Abt von Hersfeld den Dynasten von Frankenstein die Burg zu Lehen und verpfändete sie 1407 an die Landgrafen von Thüringen. Im Jahre 1184 verlieh Friedrich I. der Burg den Gottesfrieden. In den Urkunden wird sie zuerst 1155 erwähnt.

54.
Die „Cœur-Sechs"

Fragte man früher in Tiefenort nach der Apotheke, so bekam man den Weg zu einem steinernen, schlossartigen Gebäude in der Nähe der Kirche, dem ehemaligen Sitz der Grafen von Beichlingen, gewiesen. Wenn man hier schon staunt, so ist man sicher umso mehr überrascht, im über der Eingangstür angebrachten Wappen statt dem Wappenschild der Beichlinger mit den beiden roten Querbalken im weißen Feld, die „Cœur-Sechs" zu erblicken. Die Sage erklärt dies auf folgende Weise:

Der letzte Vertreter der Grafen von Beichlingen, der zu Anfang des 16. Jahrhunderts dort gelebt haben soll, war ein sehr leichtsinniger, dem Humpen und dem Spiel ergebener Geselle. Vor allem aber war er auf das erst aufgekommene Kartenspiel so versessen,

Blick auf den unmittelbar hinter Tiefenort gelegenen Krayenberg.

Die „Cœur-Sechs" im Wappenschild des Beichlingers.

dass er fast seine ganze Habe dabei verlor. Zuletzt setzte er auch seinen Burghof zu Tiefenort auf „Cœur-Sechs", also die Herz-Sechs, – und weg war auch dieser.

Bald darauf kam der Graf mit dem Edelmann, der sein Besitztum gewonnen hatte, an den Hof des Herzogs Friedrich Wilhelm von Sachsen, um diesen die Besitzveränderung bestätigen zu lassen. In dieser Situation erboten sich die Verwandten des Beichlingers, ihm seine Schulden zu bezahlen und den Burghof zu Tiefenort auszulösen. Zur Bedingung machten sie aber, die für ihn so bedeutungsvolle „Cœur-Sechs" in sein Wappenschild aufzunehmen und sich fortan nicht mehr von Beichlingen, sondern von Spielberg zu nennen. Dem mittellosen Grafen blieb nichts anderes übrig, als auf diesen Vorschlag einzugehen. So kam die „Cœur-Sechs" auch in das Wappen über der Eingangstür des Burghofes.

55.
Die Verwunschenen auf dem Krayenberg

Ein junges Mädchen aus Kieselbach ging eines Nachmittags über den Krayenberg nach Tiefenort in die Schlagmühle. Als das Öl fertig war und sie den Rückweg wieder antreten wollte, rieten ihr die Leute dazubleiben, weil die Nacht schon hereingebrochen war. Das Mädchen trat aber dennoch den Rückweg an, weil sie ihren Schatz gebeten

Imposante Ruinenreste der Krayenburg.

hatte, ihr bis zum Wald entgegen zu kommen. Als sie den Wald erreicht hatte, sah sie in einiger Entfernung vor sich eine Laterne, die sich bergauf bewegte. Das Mädchen, fest überzeugt es sei ihr Liebster, rief diesen mehrmals beim Namen und versuchte mit eiligem Schritt das Licht zu erreichen. Das aber schien immer mehr auszureißen. Blieb sie hingegen stehen, dann hielt auch die Laterne an.

So war sie überrascht, schon auf der Höhe des Krayenberges angekommen zu sein und plötzlich mitten im alten Gemäuer des verfallenen Schlosses zu stehen. Hier verschwand das Licht und im nächsten Augenblick wurde es wieder hell und um das Mädchen herum saß ein Kreis riesengroßer, langbärtiger Männer, von denen sich einer erhob und ihr andeutete, ihren Korb abzusetzen. Sie tat es, zitterte aber vor Angst am ganzen Leib. Da fasste er sie, küsste sie und warf sie seinem Nachbar auf den Schoß. Der küsste sie auch und tat wie der erste und so flog sie „rüber und nüber" von einem Schoß auf den anderen und das ging so rasch, dass das Mädchen nicht wusste, wie ihr geschah.

Endlich kam sie wieder zu sich und schrie jämmerlich um Hilfe. Das hörte nun ihr Liebster, der sie verfehlt hatte. Er stürzte zu dem alten Schloss hinauf und fand sein Mädchen, seiner Glieder nicht mehr mächtig, am Boden liegen. Die bärtigen Männer aber waren verschwunden. Sie hatten eine reine Jungfrau geküsst und waren dadurch erlöst worden. Das Mädchen aber starb drei Tage nach jener Nacht.

VACHA

An einem Ausläufer der Rhön, in einem breiten, sonnigen, von Berghängen und Wäldern umgebenen Wiesental liegt das Städtchen Vacha, das durch sein kunstreiches Rathaus bekannt geworden ist.

Vachas Entstehung und Entwicklung hängt mit seiner Lage an der Via Regia, der alten Heer- und Handelsstraße zwischen Frankfurt am Main und Leipzig, zusammen. Diese traf hier auf eine Reihe anderer Straßen, was die Stadt zu einem wichtigen Verkehrsknotenpunkt werden ließ. Der Ortsname leitet sich von „Fach" ab. Fach meint in diesem Fall Fischzäune, die dem Fang von Lachsen dienten, die von der Nordsee zum Laichen flussaufwärts in die Gebirgsbäche wanderten. Erstmals erwähnt wird der Ort in einer Urkunde vom 4. August 817. Um 1250 wurde Vacha mit Gräben, Mauern, Toren und Türmen umgeben, als sichtbarer Ausdruck seiner Wehrhaftigkeit.

Südlich der Stadt hebt sich der 630 Meter hohe, steil aufragende und weithin sichtbare Öchsenberg aus der Landschaft heraus.

Vor dem kunstreichen, historischen Rathaus in Vacha steht der Vitusbrunnen.

56.

Die Berggeister

Tief im Öchsenberg – so berichtet die Sage – ruhen Schätze von Gold und Edelsteinen, zu denen geheimnisvolle Gänge und Felsspalten führen. Die Kostbarkeiten sollen von einer Ritterburg stammen, deren Bewohner von Raub und Gewalttaten lebten. Dort wo einst die alte Burg stand, schwärmen zuweilen die Geister der erschlagenen Raubritter als bläuliche Flämmchen umher und führen die Schatzsucher in die Irre. Als es Bergleuten aus Venedig gelang, in das Innere des Berges vorzudringen, ließen die Berggeister der Sage nach starke Wassermassen auf sie los, sodass sie unverrichteter Dinge flüchten mussten.

57.

Die goldgelbe Wunderblume

Einst fand ein Schäfer die goldgelbe Wunderblume, die der Schlüssel zu den Schätzen des Öchsenberges war. Er gelangte auch, geführt von einer weiß gekleideten Frau, zu dem verborgenen Eingang und war geblendet von dem Glanz, der sich vor ihm auftat. Obwohl die Frau ihn mahnte: „Schäfer, vergiss das Beste nicht!“, legte er die Blume auf ein Fass und vergaß sie dann mitzunehmen, als er den Keller verließ.

Blick auf den sagenumwobenen, 630 Meter hohen Öchsenberg.

Die historische Werrabrücke in Vacha.

Als er wieder im Freien war und in seine Taschen fasste, war alles, was er sich eingesteckt hatte, durch Löcher herausgerieselt. Nur in den Schuhen fand er noch einen Rest Goldstaub. Obwohl er überall nach dem Eingang zur Schatzkammer suchte, fand er ihn nicht wieder.

58.
„Vietche im Töpfche"

Auf dem Marktbrunnen in Vacha steht eine zierliche, in Stein gehauene Figur. Sie stellt einen Ritter mit Helm und Lanze dar, der in seiner Linken eine Art Topf hält, aus dem ein kleines Männlein herausguckt, Vietche im Töpfche genannt. Dazu berichtet die Sage:

Vor langer Zeit wurde Vacha einmal von einem mächtigen Feind belagert und hart bedrängt. Da trat ein Ritter mit einer mutigen Tat hervor, durch die die Stadt gerettet wurde, kam dabei aber selbst in die Gewalt des Feindes. Dieser rächte sich bitter an ihm, warf ihn in einen Kessel mit siedendem Öl, um ihn so zu Tode zu martern. Der Schutzgeist des Ritters, der heilige Vitus, hielt aber seine Hand über ihn, sodass er unversehrt blieb. Zum ewigen Andenken an dieses Wunder ließ die Stadt nicht nur jene Figur anfertigen, sondern nahm auch den heiligen Vitus in das Stadtsiegel auf.

Das Obertor ist einer der Türme der mittelalterlichen Stadtbefestigung Vachas.

Nach Aussage des alten Vachaer Hirten Bachmann soll das Männlein im Topf den damaligen Nachtwächter darstellen, der durch seine Kundschaftertätigkeit die Stadt vor großem Schaden bewahrt hatte.

59.
Vom Siechenhund

Jenseits der Werrabrücke liegt am Fuß des Siechenbergs der Gasthof „Sachsenheim". Unter dem Garten desselben quillt der Siechenborn. An einem verborgenen Fleck befindet sich das Lager des Siechenhundes, eines Unholds, vor dem es allen graust.

Der Siechenhund ist von der Größe eines Kalbs und hat feurige Telleraugen. Tagsüber lässt er sich nicht sehen, doch wenn es Nacht wird, kommt er aus seinem Versteck heraus und verbreitet Furcht und Schrecken. Gute Menschen – so die Sage – haben von ihm nichts zu befürchten; mit Bösewichten hingegen geht er schwer ins Gericht. Er springt ihnen auf den Rücken, legt seine riesigen Pfoten auf deren Schultern, beißt sich fest und nimmt mit jedem Schritt an Gewicht zu. So lässt er sich oft über die Lange Brücke nach Vacha schleppen, bis die Kräfte des Trägers schwinden. Der Siechenhund ängstigt die Bösewichter so sehr, dass viele von ihnen sterben.

Und die Moral von der Geschichte: Halte immer deine Seele rein und sei stets dem Guten zugewandt, dann kannst du furchtlos und unbeschwert deinen Weg gehen!

DANKMARSHAUSEN

Obwohl Vacha die letzte an der Werra gelegene Stadt in Südthüringen ist, soll abschließend noch auf einige weitere Orte eingegangen werden. Hierzu gehört auch Dankmarshausen. Diese Gemeinde liegt hinter Vacha, am Ufer der Werra, zu Füßen eines sanft ansteigenden Weinberges, umgeben von fruchtbarem, entwässertem Wiesenland. Sein ursprünglicher Name Dangmarßhusen deutet auf fränkische Herkunft hin.

Dankmarshausen, auch Thüringer Pforte genannt, ist ein Ort, der aus der Thüringer Volkspoesie der alten Tage zwei sehr interessante Sagen bereithält. Eine erzählt Sagenhaftes über die Entstehung des Ortsnamens. In einer anderen ist der Ort Schauplatz einer wunderschönen Erzählung, die ein Beispiel für einen ganzen Sagenkreis ist, der in dieser Gegend sein Zuhause hat.

60.

Ein Abt als Namensgeber

Ein guter Teil des unteren Werratals, späteres Landesgebiet des Großherzogs zu Sachsen-Weimar-Eisenach, wurde einst von den Äbten des Hochstifts Fulda beherrscht. Einer der Äbte war der Mönch Dankmar.

Das Dorfzentrum von Dankmarshausen mit dem schönen Fachwerkhaus, dem Domizil der Gemeindeverwaltung und der Heimatstube.

Die illustrierte sagenhafte Erklärung des Ortsnamens von Dankmarshausen.

Dieser Abt bereiste zu einer Zeit seinen Kirchsprengel, da die Wege in einem so schlechten Zustand waren, dass er eines Tages samt seiner Begleitung stecken blieb. Er musste Boten in das nächstgelegene Dorf zurückschicken, um einen Vorspann zu holen. Die Einwohner dieses Ortes zeigten sich den Wünschen und Befehlen des ungeliebten Abtes gegenüber aber ablehnend. Sie schickten weder Mensch noch Vieh und wiesen seine Boten mit unfreundlichen Worten zurück.

Nun schickte der Abt in ein anderes Dorf nach Hilfe. Die Einwohner waren ihm dort holder und mit Eifer bemüht, ihm zu helfen. Der Abt erteilte ihnen dafür seinen Segen und ordnete an, dass dieser hilfreiche Ort künftig seinen Namen tragen und dieser auf ewig seinen Dank ausdrücken solle. So wurde der Ort Dankmarshausen genannt.

Das Dorf, das sich der Aufforderung des Abtes widersetzt hatte, sollte für immer Widdershausen heißen. Beide Dörfer liegen nahe der Werra, zwischen Heringen und Berka, und tragen diese Namen bis heute.

61.
Die Wichtelmänner

Im Werratal, zwischen Hörschel und Berka, aber auch darüber hinaus, wohnen Wichtelmänner, die den Menschen Gutes tun.

Einst verendete einem Bauern in Dankmarshausen ein Pferd nach dem anderen. Er war deshalb nahe daran, gänzlich zu verarmen. Eines Tages ging der Bauer zu später Stunde über seinen Hausflur und hörte unter einer umgestülpten Wanne ein Flüstern. Er schaute nach und sah bei einem matten Schimmer vier Wichtlein unter der Wanne. Sie kneteten dort Brot aus dem Teig, den sie aus einem Backtrog genommen hatten, der auf dem Flur stand.

„Knete zu, knete zu!", sprach eines der Wichtelmännchen zu einem anderen. Als sie den Bauern gewahrten, der sie nicht stören wollte, sagte ein Wichtelmann zu ihm: „Weißt du, warum deine Pferde sterben? Weil wir unter dem Stall wohnen. Tu sie in einen anderen Stall und es wird keines mehr sterben."

Diesen Rat hörte der Bauer gern und befolgte ihn. Die Wichtelmännchen machten ihn durch ihre tätige Hilfe bald sehr reich, weil er sie nicht gescholten hatte, dass sie sich von seinem Teig Brot kneteten.

62.
Im Tod in Liebe vereint

Hoch über Dankmarshausen lebte einst in seiner Burg der Ritter Hornung. Stets war er bemüht, seinen Besitz an Land und Leuten zu vergrößern. Dazu sollte auch die standesgemäße Heirat seines Sohnes dienen. Aber der Sohn wollte von den ehrgeizigen Plänen des Vaters nichts wissen. Er liebte ein einfaches, herzensgutes und bescheidenes Mädchen aus dem Dorf und war auch nach strengen Ermahnungen seines erbosten Vaters nicht bereit, dieses Verhältnis aufzugeben.

Also ersann der Ritter einen teuflischen Plan, um Angelika – so hieß die Liebste seines Sohnes – aus dem Weg zu räumen. Er beschuldigte sie, seinen Sohn durch einen Liebestrank verzaubert und so für sich gewonnen zu haben. Die Verleumdung verfehlte ihr Ziel nicht. Als der junge Herr an einem Reitturnier teilnahm, nutzte sein Vater die Gunst der Stunde, um das Mädchen wegen angeblicher Zauberei in den Kerker werfen zu lassen. So sehr sie auch ihre Unschuld beteuerte, wurde sie doch zur sogenannten Wasserprobe verurteilt, die ihre Schuld oder Unschuld beweisen sollte.

Angelika wurde also mit gefesselten Händen auf einem Kahn zur Mitte eines tiefen, sumpfigen Sees gebracht, um sie auf ein verabredetes Zeichen des Richters hin ins Wasser zu stoßen. Umsonst verbürgte sich der mit seinem Pferd inzwischen heimgeeilte Edelmann für die Unschuld des Mädchens. Sie wurde ins Wasser gestoßen. Ohne seinen Harnisch abzulegen, stürzte sich der Rittersohn hinterher. Nach einem kurzen verzweifelten Todeskampf schlugen die Wellen über den beiden zusammen. Was ihnen im Leben nicht vergönnt war, war nun im Tod in Erfüllung gegangen: Sie waren in Liebe vereint.

Schwer lasteten die beiden Toten auf der Seele des Vaters. Er musste für seinen Starrsinn bitter bezahlen und nun selbst erfahren, welch großes Leid er anderen zugefügt hatte.

CREUZBURG

In zahlreichen Windungen durchfließt die Werra das Tal in dem Creuzburg liegt. Die Stadt zieht sich am linken Ufer des Flusses entlang, der in diesem Bereich einen weiten Bogen nach Nordosten schlägt. Wälder, Wiesen und Felder umgeben das ganze Städtchen. Im Zentrum erhebt sich der Burgberg mit der weithin sichtbaren, das Tal beherrschenden Feste der Thüringer Landgrafen. Den schönsten Blick auf die Stadt und die Burg hat man von der Werrabrücke.

Creuzburg nimmt in der Geschichte Thüringens einen bedeutenden Platz ein. Als Siedlung 973 zum ersten Mal erwähnt, blickt es auf eine mehr als tausendjährige Geschichte zurück, war Zeuge historischer Ereignisse und Schauplatz kriegerischer Auseinandersetzungen. Der Ort hieß früher Cruziberg, was auf das Kreuz hinweist, unter dem die Burg errichtet wurde. Neben der Wartburg und der Neuenburg gehört die Creuzburg zu den thüringischen Landgrafensitzen, die Geschichte gemacht haben.

63.

Das Storchengericht

An einem Herbsttag des Jahres 1355, kurz vor der Zeit, in der die Störche in den Süden ziehen kamen große Züge von Störchen nach Creuzburg. Sie umflogen die Stadt und ließen sich auf Häusern, Türmen, Kirchen, Stadtmauern oder aber auf den nahen Stadtwiesen nieder und begannen, heftig miteinander zu kämpfen.

Die Creuzburg – die Feste der Thüringer Landgrafen.

Die historische Werrabrücke in Creuzburg.

Auf einmal schienen sie einen Waffenstillstand geschlossen zu haben. Sie erhoben sich alle gemeinsam, flogen zu den umliegenden großen Wiesen und ließen sich dort mit großem Getöse zu Gericht nieder. Hierauf ordneten sie sich in Zweierreihen an und ein einzelner Storch trat in die Mitte, als ob er eine Rede halten wollte. Plötzlich fielen alle über diesen her, stachen und hackten mit ihren spitzen Schnäbeln auf ihn ein und ließen nicht eher von ihm ab, bis er tot am Boden lag. Er war gerichtet worden, weil er sich des Ehebruchs schuldig gemacht hatte. Dann verließ die Storchenversammlung wieder den Ort des Geschehens.

Man sah in diesem Storchengericht ein Vorzeichen nahen Krieges, was sich auch bewahrheitet haben soll.

64.
Der Zug weiß gekleideter Nonnen

Eines Tages, es war noch früh in der Dämmerung, ging ein Priester von Krauthausen nach Creuzburg. Als er vom Feldweg an die Straße kam, die zur Stadt führt, begegnete ihm ein Zug weiß gekleideter Nonnen mit brennenden Kerzen. Diese sangen den „Hymnus de profundis“. Der Priester war so erschrocken, dass er zunächst weder singen noch davongehen konnte. Da schaute aus dem Zug eine ältere Schwester zurück und sprach mit freundlicher Stimme zu ihm: „Du bist ein Priester und schweigst? Komm herbei und singe mit uns!“

Der Priester fasste Mut und tat wie ihm geheißen. Als sie sich der Stelle näherten, wo jetzt die St.-Liborius-Kapelle steht, trat ein Greis im Priestergewand heran, vor dem der ganze Zug demütig die Knie beugte, um seinen Segen zu empfangen. Als er diesen erteilt hatte, ging er selbst den Nonnen als Führer mit einem Stab voran. Sie stiegen auf der anderen Seite der Werra unter lautem Singen einen Bergpfad hinauf; der Priester aber machte sich inzwischen heimlich davon. Von der Höhe vernahm er plötzlich eine laute Stimme: „Du magst gehen, wirst aber in Dein Verderben gehen!“

Drei Tage darauf kam er um. Die einen sagen, er wurde von einem Blitzschlag getroffen. Andere erzählen, er sei vom Pferd gestürzt, als er nach Falken wollte, um dort eine Predigt zu halten.

Die St.-Liborius-Kapelle in Creuzburg.

Die Gottesackerkirche in Creuzburg.

65.

Die Prozession der Verstorbenen auf dem Gottesacker

Als die Creuzburger vor langer Zeit einmal das Werraufer befestigen wollten, verfügten sie nicht über die ausreichende Menge Steine. Da machte jemand den Vorschlag, die älteren Grabsteine vom Gottesacker zu verwenden. Den heiligen Ort und die Ermahnung zum Totengedenken nicht achtend, befolgten sie den Vorschlag, stießen die Steine um und schafften sie zur Baustelle. Als die Mauer errichtet war, sahen sie zuversichtlich auf ihr Werk. Nun brauchten sie das Hochwasser nicht mehr zu fürchten.

Eines Nachts sollen nun aber die durch diese Freveltat aufgeweckten Toten in einer Prozession, Männer in schwarzer und Frauen in weißer Kleidung, still durch die Stadt hin zum Werraufer gegangen sein. Lange betrachteten sie die dort aufgerichtete Mauer. Dann kehrten sie wieder zum Kirchhof zurück.

Einige Tage später setzte ein großes Unwetter ein. Es regnete wochenlang. Die Mauer aus Grabsteinen konnte das Hochwasser nicht halten und stürzte ein. Nun war die Stadt den Fluten der Werra schutzlos ausgeliefert. Der Schaden, den die Creuzburger danach zu beklagen hatten, war groß.

MIHLA

Am äußersten Rand der lang gezogenen, weit ausholenden Schleife, mit der sich die Werra zwischen dem felsigen Ringgau und den lang gestreckten Höhen des Hainich hindurchzwängt, liegt Mihla. Schon von Weitem fesselt der Anblick des in die Talaue eingebetteten, von bewaldeten Hängen eingefassten Ortes mit dem alles überragenden Kirchturm den Betrachter.

Mihla ist eine sehr alte Siedlung, die aus einem königlichen Wirtschaftshof entstand, wie sie von den Franken nach ihrem Sieg über die Thüringer an ihrer Etappenstraße durch das Werratal angelegt wurden. Erstmals urkundlich erwähnt wurde Mihla im Jahre 830 unter dem Namen Milahen.

66.

Die Ahnfrau von Mihla und die Totenuhr

Einträchtig lebten in Mihla die Gebrüder von Harstall miteinander, der ältere Bruder im Grauen, der jüngere im Roten Schloss. Erstgenanntem hatte der Tod schon zwei Frauen genommen; die dritte nun war um vieles jünger, und als sie sich sonntags in der Kirche auf dem vordersten Herrensitz niederließ, wollte ihr die Schwägerin aus dem Roten Schloss das nicht zugestehen. Ihr, als der Älteren, käme dieser Ehrenplatz zu. Aber die andere wusste sich zu verteidigen. Allein das Alter der Männer zähle, darum müsse sie vorne sitzen.

Von Sonntag zu Sonntag wurde der Streit heftiger und bald wurden auch die Brüder mit hineingezogen. Angelegenheiten, die früher gütlich bereinigt wurden, schürten nun Hass und Misstrauen. Einmal saß der ältere Bruder, der Herr des Grauen Schlosses also, im Kaminzimmer und leerte ein Weinglas nach dem anderen. Die junge Frau stand am Fenster. Indes ritt der Schwager vorbei und blickte auf, aber er grüßte nicht. Da war sie sehr beleidigt und wendete sich an ihren Mann, um es ihm gleich zu berichten. Weil nun Gelegenheit gegeben war, fügte sie das Übrige, was gegen die drüben im Roten Schloss noch vorzubringen war, hinzu.

Dem schon angetrunkenen Ritter wurde es endlich zu viel und er sprang auf. „Ich will dem Ding ein Ende machen", sprach er und ging zur Rüstkammer. Kurze Zeit darauf stieg er bewaffnet die Stufen des Roten Schlosses hinauf und trat in das Zimmer seines Bruders. Der hatte Brustharnisch und Schwert bereits abgelegt und konnte sich nicht wehren – bald lag er tödlich getroffen am Boden.

Am nächsten Tag kamen Reiter von der Wartburg, um den Mörder abzuholen. Dreißig Jahre brachte er im Kerker zu, dann wurde er unter der Bedingung begnadigt, dass er zugunsten der Wartburg auf den Trenkelhof, auf die Erbzinsen von Beuernfeld und Bolleroda sowie auf die Jagd bis zur Herrenmühle bei Eisenach verzichtete.

Aber geschwächt von der langen Kerkerhaft, dem Tageslicht entwöhnt und von der Reue geplagt, starb der Ritter nur wenige Wochen nach seiner Rückkehr. Und merkwürdig! In der Todesstunde des Ritters blieb die große Uhr stehen, so wie sie schon ein-

Das Rote und das Graue Schloss in Mihla – die Wohnsitze der Gebrüder Harstall.

mal zum Zeitpunkt des Brudermordes ihren Gang unterbrochen hatte. Darum nannten sie die Nachkommen fortan „Totenuhr". Noch manches Mal zeigte sie die Todesstunde eines Familienangehörigen oder ein anderes Unheil an.

Auch die streitsüchtige Frau war längst gestorben. Alljährlich erschien sie am Tag der grausigen Tat abends im Saal des Grauen Schlosses. Dann begab sie sich zur Kirche, um sich auf den Ehrenplatz zu setzen. Dort verharrte sie bis zur Mitternacht; mit dem zwölften Glockenschlag erhob sie sich und schritt zum Altarraum, wo sie in der Familiengruft der Harstalls wieder verschwand.

67.

Der Elbel

In der Gegend um Mihla nennt man den aus dem Volksglauben bekannten „Wilden Jäger" Elbel. Der Elbel wohnt in den Felsklüften über der Wüstung Wernershausen und durchsaust mit seiner Jagd den Hainichwald und seine Angrenzungen.

Ein Herr von Harstall zu Mihla hatte zur Zeit des Dreißigjährigen Krieges einen Leibjäger, das war ein wilder Weidgesell namens Hölzerkopf. Diesem begegnete auf einem Pirschgang auch einmal besagter Elbel mit seiner Jagd. Als der Elbel vorbeisauste, schoss der Weidgesell seine Büchse aufs Geradewohl ab und musste aber erstaunt feststellen, dass aus dem Dickicht ein Rehbock zu seinen Füßen hinstürzte und verendete. Von da an traf jeder Schuss, den Hölzerkopf abgab, weil er mit dem Elbel im Bunde war.

Als nun Hölzerkopf mit seinem Herrn zur Jagd zog und ihm seine neuen Jagdkünste demonstrierte, rief dieser entsetzt: „Du bist ein Hexenmeister, ein Freischütz! Du kannst fortan dem Elbel dienen, nicht mir!"

„Das will ich auch mit Eurer gnädigen Erlaubnis", sprach trotzig der Hölzerkopf, setzte seinen Hut auf, warf die Büchse über und ging ohne Gruß und Dank von dannen. Seit dieser Zeit ist er nie anders als im Gefolge des Elbel erschienen.

Heute ist im Hainichwald nicht mehr viel zu jagen und die Freischützen sind rar geworden. Hölzerköpfe gibt es noch eine Menge – aber sie sind leider Gottes keine Hexenmeister.

68.
Die Glocke der Klosterkirche von Münsterkirchen

In alter Zeit stand am linken Werraufer, gegenüber von Mihla, das Kloster Münsterkirchen. Niemand vermag zu sagen, warum und auf welche Weise es zerstört wurde. Bekannt ist aber, dass die Ruinen den Mihlaern als Steinbruch dienten, sodass schon vor Jahrhunderten von einer Klosteranlage nichts mehr zu sehen war.

Nun erzählt aber die Sage, dass an hohen Feiertagen die Glocke der einstigen Klosterkirche läutete, obwohl sie längst in der Erde versunken war. Einmal hütete ein armes Waisenkind auf der Wiese über den Grundmauern von Münsterkirchen Ziegen. Als sich das Kind hinsetzte, um sich ein wenig auszuruhen, schlief es ein. Es verfiel in einen Traum, in dem ihm zwei Ritter begegneten, die miteinander kämpften. Zugleich vernahm das Kind einen dumpfen Glockenschlag. Durch die Geräusche erwacht, erblickte es auf einem nahen Hügel zwei Stiere, die mit ihren großen Hörnern aufeinander losgingen und den ganzen umliegenden Boden zerstampften. Als die Tiere voneinander abließen und davonliefen, sah das Kind im aufgewühlten Boden die Krone einer Glocke blinken. Schnell stieß es seinen Hirtenstab in die Erde, um die Fundstelle zu kennzeichnen. Dann lief es eilig ins Dorf und benachrichtigte die Leute. Es kamen viele Männer, um zu helfen. Sie schaufelten die Glocke frei, transportierten sie zur Kirche und hängten sie neben den vorhandenen Glocken auf.

Die Mihlaer feierten anlässlich dieses Ereignisses ein Fest. Dem Waisenkind taten alle etwas Gutes, denn es hatte dem Dorf zur größten und schönsten Glocke ihres Kirchengeläuts verholfen.

TREFFURT

Eingebettet in die Bucht, die die Werra bildet, liegt Treffurt. Die Stadt ist auf drei Seiten durch Berge geschützt, nach Süden aber der Sonne geöffnet. Malerisch baut sich das Städtchen am rechten Flussufer auf. Erst sanft, später steil steigen seine Häuser, überragt von hohen Dächern, Giebeln und Türmen, den Burgberg hinan, den die Ruinen des Normannsteins krönen. Die Stadt hat ihren Namen von den Herren von Treffurt, die dem niederen Adel angehörten. Der älteste überlieferte Name war Drevord. Urkundlich werden die Herren von Treffurt zum ersten Mal im Jahre 1104 genannt, obwohl die Siedlung wahrscheinlich Mitte des 8. Jahrhunderts entstand.

69.

Der Sprung vom Hellerstein

In der Gegend von Treffurt bricht sich die Werra nur mühsam Bahn durch hohe Felsen mit steilen Abhängen. Der höchste ist der Normannstein, auch Hermannstein oder Hellerstein genannt.

Die drei wuchtigen Türme des Normannsteins als Zeichnung, um 1980. Die Türme symbolisierten die seit 1336 ausgeübte gemeinsame Herrschaft von Mainz, Sachsen und Hessen.

Nun lebte in Treffurt ein Ritter namens Hermann von Treffurt, der Herr des Städtchens. Diesem Mann konnte man vieles nachsagen, nur nicht, dass er ein Heiliger war. Er ritt oft in der schönen Gegend umher, um nach hübschen und minniglichen Frauen Ausschau zu halten und fand derer auch im nahe gelegenen Eisenach.

Als er eines Abends wein- und minneselig heimwärts nach Treffurt ritt, nickte er ein und sein Ross trug ihn nicht auf gerader Strecke weiter, sondern trabte mit ihm zur Höhe des Hellersteins, bis an den jähen Abgrund des Felsenvorsprungs. Zu spät erwachte der Ritter, schon stürzte das Pferd hinab. Da empfahl sich Hermann von Treffurt dem Schutz der göttlichen Jungfrau und rief: „Hilf, heilige Maria! Hilf deinem Knecht!“ Und da war ihm, als hielte ihn ein Arm und hebe ihn sanft empor, in dem Augenblick, als sein Pferd zu Boden stürzte und zerschmetterte.

Nach diesem Ereignis wurde der Ritter Hermann ein Mönch, kehrte von seinem sündigen Leben ab und bestieg nie wieder ein Pferd.

70.
Wie der Räuber Henning überlistet wurde

Auf dem Hellerstein gibt es steile Schluchten und tiefe Felsspalten. In einer dieser Höhlen hauste einst der gefürchtete Räuber Henning. Aus dem Ort Heldra hatte er ein Mädchen geraubt und in seine Dienste gezwungen. Sie musste ihm das Essen kochen, die Kleider flicken und auch sonst alles tun, was ihr Herr von ihr verlangte. Sie war flei-

Ein eindrucksvolles Bild von den Ruinen der Türme des Normannsteins.

ßig und erledigte alles zu Hennings Zufriedenheit, sodass sie weder Not noch Drangsal kannte. Nur die Sehnsucht nach ihrer Familie machte ihr das Herz schwer. Damit sie nicht in Trübsal verfallen sollte, erlaubte ihr der Räuber, am Himmelfahrtstag auf ein Stündchen nach Hause zu gehen, um ihre Eltern und Geschwister zu besuchen. Sie musste schwören, dass sie keinem Menschen sagen werde, woher sie komme, wo sie so lange gewesen war und wohin sie wieder gehe.

Als das Mädchen das geschworen hatte, lief sie aus der Höhle und durch den Wald nach Heldra. Das Herz wollte ihr schier zerspringen bei dem Gedanken, denselben Weg wieder zurückgehen zu müssen. Sie überlegte hin und her, wie sie die verlorene Freiheit wiedergewinnen könne und als sie in Heldra ankam, glaubte sie, die richtige Lösung gefunden zu haben.

Zu Hause wurde sie mit großer Freude empfangen. Ihre Eltern und Verwandten brachten ihr die besten Speisen. Als sie selbst mit zugreifen und den Tisch abräumen wollte, drückte sie der Vater auf den Stuhl – zu froh war die Familie, das Mädchen wieder bei sich zu haben. Umso entsetzter waren sie, als sie ihnen sagte, dass sie nun wieder fort und dahin zurückkehren müsse, woher sie gekommen sei. Verständlicherweise wurde sie nun mit vielen Fragen über ihren Aufenthalt und ihr weiteres Schicksal bestürmt. Doch sie schwieg, wie sie es geschworen hatte. Sie ließ sich auch nicht vom Gehen zurückhalten. Weinend blickten Vater und Mutter und alle Geschwister ihr nach, als sie dem Wald wieder zuschritt. Sie befürchteten, sie könnten sie zum letzten Mal gesehen haben.

Da aber entdeckten ihre Brüder, dass sie ihre Spur mit Erbsen gekennzeichnet hatte, folgten ihr und kamen so in die Höhle des Räubers. Dort war ihre Schwester gerade dabei, Henning das Lager zu bereiten und sie hörten ihn sagen, wie froh er darüber sei, dass seine Haushälterin wiedergekommen war.

Als der Räuber die Brüder erblickte, glaubte er, dass das Mädchen den Schwur gebrochen habe und wollte es bis in alle Ewigkeit verfluchen. Mit gutem Gewissen konnte es aber auf die Einhaltung des Schwurs verweisen. Seine Brüder bestätigten die Richtigkeit der Worte und offenbarten ihrerseits, durch welche List des Mädchens sie die Höhle gefunden hatten.

Da gab sich der Räuber geschlagen. Er musste mitkommen und wurde für seine Untaten verurteilt. Das Mädchen aber war über die wiedergewonnene Freiheit hoch erfreut und dankte ihren Brüdern.

BIOGRAFISCHES ZU LUDWIG BECHSTEIN UND CHRISTIAN LUDWIG WUCKE

Dass Thüringen einen so umfangreichen und gut aufbereiteten Sagenschatz besitzt, verdanken wir, wie eingangs schon hervorgehoben, Ludwig Bechstein und Christian Ludwig Wucke. Deshalb sei zum Schluss noch einiges Biografisches von diesen verehrten Heimatdichtern angefügt.

Ludwig Bechstein

Ludwig Bechstein wurde am 24. November 1801 in Weimar geboren. Er wuchs bei seinem Onkel, dem Forstwissenschaftler Johann Matthäus Bechstein, in Dreißigacker auf, besuchte das Gymnasium in Meiningen und erlernte den Apothekerberuf. Schon früh

Der Bechstein-Brunnen im Englischen Garten in Meiningen erinnert noch heute an Ludwig Bechstein.

entwickelte er Neigungen zur Literatur und wurde später Schriftsteller. Der Herzog schickte ihn zum Studium der Philosophie, Literatur und Geschichte nach Leipzig und München. Anschließend stellte er Bechstein als Kabinettsbibliothekar in Meiningen an. 1831 nahm Bechstein auch seinen Wohnsitz in der Werrastadt und blieb dort auf Lebenszeit.

Er gründete den Hennebergischen Altertumsforschenden Verein und übernahm die Leitung des Hennebergischen Gesamtarchivs. Bechstein erwarb sich große Verdienste um die Erforschung der Territorialgeschichte. Er wanderte von Dorf zu Dorf und zeichnete auf, was er über Geografie, Geschichte, Sagen und das Leben der Bewohner in Erfahrung bringen konnte.

Im Bewusstsein vieler Menschen – besonders in Thüringen – lebt Ludwig Bechstein vor allem als Märchen- und Sagenerzähler weiter. Mit Bienenfleiß sammelte er alles, was er an sagen- und märchenhaften Überlieferungen, an Legenden, Sitten und Bräuchen ausfindig machen konnte. Das Ergebnis dieser Arbeit liegt in vierzig Bänden vor. 1845 erschien das „Deutsche Märchenbuch" und 1858 der erste Band des „Thüringer Sagenbuches".

Am 14. Mai 1860 starb Ludwig Bechstein. An seinem ehemaligen Wohnhaus in der Neu-Ulmer-Straße 1 in Meiningen erinnert eine Gedenktafel an ihn.

Christian Ludwig Wucke

Christian Ludwig Wucke wurde am 28. Januar 1807 als Sohn eines Bad Salzunger Arztes geboren. Er zeigte sehr bald künstlerische Neigungen und freundete sich mit Ludwig Bechstein an, als dieser Provisor in der Salzunger Schwanenapotheke war.

Frühzeitig erblindet, musste er den geliebten Malerberuf aufgeben und wurde Schriftsteller. Er schrieb Geschichten, Liebes- und Naturlyrik, aber auch Gedichte und Erzählungen, in denen er die rückständigen Verhältnisse auf dem Lande geißelte.

Als ehemaliger Burschenschafter fühlte er sich der demokratischen Bewegung verpflichtet und versuchte, die fortschrittlichen Kräfte seiner Heimatstadt zu fördern. Die 1865 veröffentlichten Mundartdichtungen „Uiß minner Heimet" waren Wuckes volkstümlichste Arbeit. In diesen kleinen literarischen Kunstwerken lebt echter Volkshumor. Volksgut hat uns Ludwig Wucke aber auch in seiner umfangreichen Sagensammlung überliefert. Jahrelang wanderte der erblindete Dichter, von Fremden geführt, durch die Rhön und durch das Werratal, ließ sich von Bauern, Hirten, Waldarbeitern und alten Frauen Geschichten erzählen oder aus vergilbten Chroniken vorlesen. Über 800 Sagen brachte er auf diese Weise zusammen; manche von ihnen wären verloren gegangen, hätte er sie nicht aufgezeichnet und poetisch geformt. Für sein heimatverbundenes Werk erhielt er 1873 den Schillerpreis für Erforschung deutschen Geisteslebens.

Am 1. Mai 1883 verstarb Christian Ludwig Wucke in Bad Salzungen. In seiner Heimatstadt erinnert noch heute ein Denkmal an ihn.

Das Wucke-Denkmal am Burgsee in Bad Salzungen.

LITERATURVERZEICHNIS

LUDWIG BECHSTEIN: *Thüringer Sagenbuch*, 2 Bände, Wien und Leipzig 1858.

JOHANN HEINRICH CHRISTIAN HEUSINGER: *Sagen aus dem Werrathale*, Eisenach 1841.

FRITZ KÜNLENZ: *Erlebnisse an der Werra*, Rudolstadt 1973.

PAUL QUENSEL: *Thüringer Sagen*, München 1991.

ERNST KARL WENIG: *Es sagt aus alten Sagen*, Rudolstadt 1967.

CHRISTIAN LUDWIG WUCKE: *Sagen der mittleren Werra, der angrenzenden Abhänge des Thüringer Waldes, der Vorder- und der Hohen Rhön sowie aus dem Gebiete der fränkischen Saale*, Eisenach 1891.

Romantische Außenansicht eines Turmes der Burgruine Henneberg.

Die Heimat entdecken!

Von Kiel bis Wien,
von Aachen bis Görlitz:
Entdecken Sie Alltagsgeschichten
aus Ihrer Heimatstadt!

Leben in der Großstadt …

Tauchen Sie ein in das quirlige Großstadtleben vergangener Tage. Spazieren Sie über breite Boulevards und stürzen Sie sich ins Nachtleben. Erkunden Sie ihre Stadt durch die Fensterscheiben einer Straßenbahn oder des ersten Käfers und bewundern Sie prächtig geschmückte Schaufenster.

… und ländliche Idylle

Wie sah das Leben in Ihrer Heimat aus, als die Bauern noch mit Pferden pflügten und jedes Dorf seinen eigenen Schmied hatte, jeder noch jeden kannte und das Leben sich zwischen Kirche, Wirtshaus und Wohnküche abspielte?

www.suttonverlag.de

Erinnerungen an die Schulzeit …

Erinnern Sie sich noch an die Zeiten von Abakus und Schiefertafel, an Klassenausflüge oder den ersten Taschenrechner? Blicken Sie zurück auf große Klassen und gestrenge Schulmeister, entdecken Sie auf Klassenfotos Freunde und Bekannte von früher!

Gesellige Stunden im Verein ...

Fußballclub und Schützenverein, Musikkapelle und Gesellenverein: Schauen Sie zurück auf Volksfeste und Turniere, Chorproben oder Prunksitzungen. Erinnern Sie sich an schöne Stunden und das gesellschaftliche Leben in Ihrer Heimat.

FSC
www.fsc.org
MIX
Papier | Fördert gute Waldnutzung
FSC® C083411

Zeitfracht Medien GmbH
Ferdinand-Jühlke-Straße 7
99095 Erfurt, Deutschland
produktsicherheit@kolibri360.de

Druck:
CPI Druckdienstleistungen GmbH
im Auftrag der
Zeitfracht Medien GmbH
Ein Unternehmen der Zeitfracht - Gruppe
Ferdinand-Jühlke-Str. 7
99095 Erfurt